〈シリーズ監修〉二村 健

ベーシック司書講座・図書館の基礎と展望 1

図書館の基礎と展望

第2版

二村 健〈著〉

学文社

〈ベーシック司書講座・図書館の基礎と展望〉 緒　言

　本シリーズは，新しい司書課程に照準を合わせて編纂した。周知のように，平成20年6月11日，図書館法が改正，ただちに施行された。そのなかで，第5条だけが平成22年4月1日の施行となった。当然，22年から新しい司書課程を出発させなければならないと考え，諸準備に没頭した。しかし，実際に蓋を開けてみると，さらに2年先送りされ，全国的な実施は平成24年からとされたのである。私の所属する大学では，すでにさまざまな準備に着手していたので，旧法の下で，新しいカリキュラムを実施することを選んだ。つまり，全国より2年先駆けて司書課程を改訂したのである。

　もちろん，そのためのテキストはどこにもなく，最初の授業は板書とプリントでおこなった。このシリーズの各巻には，実際に授業をおこなった試行錯誤が反映されている。授業の羅針盤は，図書館界に入った多くの卒業生の存在である。この実績が私たちの支えである。

　この間，これからの図書館の在り方検討協力者会議では，議論の末，司書課程の位置づけが変わった。これまでの司書課程は，現職の図書館員に資格を与えることを目的に，司書講習で講述される内容と相当な科目を開設している大学で，司書資格を与えることができるとされていた。新しい司書課程の位置づけは，図書館員としての長い職業人生（キャリア・パス）の入り口を形成するというものである。大学生は社会人未満である。社会人である現職図書館員との違いをどこにおくか，これが新しい司書課程の核心である。

　その違いをシリーズ名に表したつもりである。これからの司書課程では，キャリア・パスの入り口を形成するための基礎・基本の講述が重要である。何よりも図書館の意義を理解し，図書館を好きになってもらわなければならない。その後に，図書館員としての長い職業人生が待っている。そして，それに向けての展望がなければならない。以下に本シリーズの特徴を記す。

- ●内容の厳選：これまでの司書課程の教科書は，現職者向けという性格上仕方がなかったが，とにかく内容が高度であり，詰め込みすぎた観がある。それを，3月まで高校生であった新入生にもわかりやすい内容にまとめることをめざした。そのため，できるかぎり，内容を厳選する必要があった。どれも大事に思えたなかで，何を削ぎ落すかで非常に悩んだ。新しい研究成果を取り込むのは当然としても，これに振り回されて総花的になることは避けたかった。普遍性のあるものは，古いものでも残すことにし，温故知新を大事に考えた。
- ●1回の授業＝1章：最近の大学では授業を15回きちんとおこなうことが徹底されている。そこで，本シリーズも15章立てにし，1回の授業で取り上げる内容を1章に記すことにした。実際の授業は，受講者の反応をみては重要なポイントを繰り返して説明したり，ときには冗談を言ったりしながら進む。90分間で講述できることは思った以上に少ない。参考になったのが，放送大学のビデオ教材を制作したことである。本シリーズでは，放送大学の教科書よりは，

さらに文字数を少なめに設定した。その分，担当教員の工夫次第で，確認小テストをしたり，ビデオや写真などを利用して授業が進められるよう，余裕をもたせた。

- **将来を見据えた展望**：多くの大学では，15回目の授業を試験に当てることがおこなわれている。そこで，各巻の最後の章は，その分野の展望を記すことにした。展望とは，今後どうなっていくかの見通しである。あるいは，未来予測に属することが含まれ，予測ははずれることもあるかもしれないが，できるだけ新しい話題を盛り込んだつもりである。シリーズ名の意図をはっきりさせるためでもある。
- **わかりやすい図表**：直感的にわかるように，図表を豊富にいれることを各執筆者にお願いした。図表も大きく見やすく掲載できるように，判型も通常の教科書に多いA5判ではなくB5判を採用した。
- **豊富な資料**：実際の授業では，教科書のほかに，教員がプリントを配布したり，パワーポイントのスライドで補足したりと，さまざまである。教科書といいながら，『図書館法』の全文すら資料として掲載していないものがあるのは，どこか違うと思っていた。そこで，できるだけ，教員がプリントを作らなくてもすむように，資料集を充実させることに努めた。
- **参考文献**：これからの司書課程は，図書館員としてのキャリア・パスの入り口を形成するものである。平成20年の図書館法改正で明記されたが，図書館員になっても，研修会に参加するなど，各自の務めとして研鑽を積む必要がある。内容を精選した分を，参考文献を読んでいただくことによって，補えるように配慮した。参考文献は入手可能という点を第一に考えた。
- **自宅学習のための設問**：90分の授業に30分の自宅学習，併せて2時間が1コマの学習である。そのため，各章ごとに設問を2問程度用意した。このことにより，通信教育の学生にも利用していただけると思う。

本シリーズは，文部科学省令に規定された全ての科目を網羅するものではない。不足の部分は，他の専門家の学識に委ねたい。不完全ながらも，本シリーズが日の目を見ることができ，シリーズ各巻の執筆者に深甚なる謝意を表する。このシリーズがわが国の司書養成に役立つことを願うのみである。

平成23年6月6日

二村　健

第1巻 『図書館の基礎と展望 第2版』 巻頭言

　本巻の初版がでてからすでに8年が経過した。初版の準備に集中していたころ，筆者の腎臓の機能が低下していることが明らかとなった。知りたくない告知だったが，受け入れるほかはなかった。腎臓病は不治の病といわれるが，人工腎臓をはじめとした現代医療の発展，主治医とそのスタッフの献身はありがたく，筆者のような者でも多少の制約はあるものの社会生活（仕事）は継続しておこなえている。

　以来，人工透析の日々を過ごしながら，シリーズ全10巻の刊行を目下の課題とした。ようやく，2018（平成30）年に，多くの方々にお待ちいただいたシリーズ最後の巻となる第6巻『図書館サービス概論』を刊行し，全10巻が完結したことは1つの喜びだった。第6巻の編集にあたった同僚の平井歩実氏および執筆諸氏，さらに，各巻にご執筆いただいた全員に感謝するしだいである。

　次なる課題は本巻の改訂である。本巻改訂の話は早くから出ていたが，以前のように何日も研究室にこもって仕事をするなどはできなくなっていたため，時間ばかりが過ぎていった。

　現代社会の8年というのはとても長い。この間，世の中は大きく変化し，それにつれて，図書館界も大きく様変わりした。たとえば，本書でも取り上げた高集客力図書館の登場である。ロボットやAI（人工知能）が活躍するのはこれからであろう。ただ，シリーズ「緒言」にもあるとおり，新規のことだけにとらわれるのではなく，基本中の基本を精選するのが本シリーズの主眼である。この点で，第15章の展望など，新たに書き下ろした章もあるが，法令の改訂や新しい技術動向に合わせた書き換えがほとんどである。

　第2版の出版が4月から大幅に遅れてしまったことで，多くの関係の方々，学文社および編集担当の二村和樹氏には大変な迷惑をかけてしまった。この場を借りてお詫び申し上げたい。

　本書が，わが国の司書をめざす若い人々になにがしかの役割を果たせることを切に願う次第である。

　　　　　　　　　　　　　　　　　　　　　　　　　　　令和元年5月1日

本書を日野市立病院荒木崇志医師とスタッフに捧げる

　　　　　　　　　　　　　　　　　　　　　　　　　　　　　　二村　健

目　次

シリーズ緒言　1
第1巻『図書館の基礎と展望　第2版』巻頭言　3

第1章　図書館の現状と動向 ･･ 6
1. 身近な図書館（6）　2. 外国の図書館（8）　3. 歴史的な図書館（9）　4. 近未来的な図書館（10）

第2章　図書館の構成要素と機能および図書館サービス ･･････････････ 12
1. 図書館の構成要素（12）　2. 図書館の機能（13）　3. 図書館のサービス（15）

第3章　図書館の業務モデル ･･ 18
1. 図書館をシステムとして考える（18）　2. 図書館の業務モデル（20）　3. テクニカルサービスとパブリックサービス（22）

第4章　図書館の社会的意義 ･･ 24
1. 民主主義社会と図書館（24）　2. 知識基盤社会と図書館（27）　3. 生涯学習社会と図書館（28）

第5章　文化を伝承し保存する図書館 ･･･････････････････････････････････ 32
1. 言葉の発生・文字の発明・書物の誕生（32）　2. 社会的記憶装置（33）　3. 歴史のなかの日本の図書館（35）

第6章　公共図書館の成立と展開 ･･･ 38
1. 公共図書館とは何か（38）　2. 公共図書館の成立（40）　3. 公共図書館の発展，図書館ネットワーク，図書館協力（42）

第7章　わが国における公共図書館の成立と発展 ･･････････････････････ 44
1. 近代のわが国の図書館（44）　2. 第2次世界大戦以降のわが国の公共図書館（45）

第8章　わが国における公共図書館政策の展開 ･････････････････････････ 50
1. 押し寄せるテクノロジーの圧力（50）　2. わが国の図書館政策の進展（52）

第9章　図書館の種類と利用者（1） ･････････････････････････････････････ 56
1. 図書館の種類（56）　2. 国立図書館（57）　3. 公共図書館（59）

第10章　図書館の種類と利用者（2） ･･･････････････････････････････････ 62
1. 大学図書館（62）　2. 学校図書館（64）　3. 専門図書館（65）

第11章　図書館の類縁機関と図書館関連団体 ･･････････････････････････ 68
1. 図書館の類縁機関（68）　2. 教育行政上の関連部署（70）　3. 図書館の関連団体（71）

第12章　図書館職員とライブラリアンシップ ･･････････････････････････ 74
1. 司書とは（74）　2. ライブラリアンシップについて（75）　3. 図書館員の危機管理（75）　4. 図書館長の役割（76）　5. さまざまなエピソード（76）

第13章　知的自由と図書館 ･･･ 80
1.「日本国憲法」と基本的人権（80）　2. 知的自由（81）　3. 図書館の自由（83）

第 14 章　図書館の課題 ··· 86
　1. 社会の人々の意識（86）　2. 高集客力図書館（87）　3. インターネット社会の進展と図書館（88）　4. 新しい図書館サービスの創造（89）

第 15 章　展　望 ·· 92
　1. 指定管理者制度による図書館の増加（92）　2. 文部科学省の組織改革（93）　3. 超高齢社会の進展と図書館（94）　4. 第 4 次産業革命（97）

巻末資料 ·· 100
　1. 図書館法（100）　　　　　　　　　　 2. 社会教育法（102）
　3. 教育基本法（104）　　　　　　　　　 4. 日本国憲法（106）
　5. トラベリングライブラリ（108）　　　 6. 図書館の設置及び運営上の望ましい
　　　　　　　　　　　　　　　　　　　　　 基準（108）
　7. 国立国会図書館法（112）　　　　　　 8. 公立図書館の任務と目標（114）
　9. 東京都日野市立図書館設置条例　　　 10. 学校図書館法（122）
　　（121）
　11. 文部科学省総合教育政策局の設置に　 12. 日野市行政組織図（126）
　　ついて（123）
　13. Library Bill of Right（128）　　　　 14. 図書館の自由に関する宣言（128）
　15. 図書館員の倫理綱領（129）

　索　引 ·· 132

図書館の現状と動向

　この章では，私たちがこれから学ぼうとする図書館について，より一層身近に肌で感じられるようになることを目的にする。この機会に多くの図書館を見学して欲しいが，それがむずかしければ，多くの写真や映像を見てほしい。いろいろな図書館があるが，そのようななかにも共通した要素があることに気づくだろう。とにかく図書館，今日も図書館，明日も図書館，明けても暮れても図書館，図書館という言葉を何度も唱えてみよう。

第1節　身近な図書館

a．公共図書館

　私たちにとって身近な図書館といえば，町の図書館，市の図書館，村の図書館であろう。町民，市民，村民なら誰でも（在住者でなくとも在勤者や在学者でも）本を貸してくれる。いや，「貸してくれる」のではなく，「借りることができる」のだ。わが国には「図書館法」という

写真 1-1　日野市立図書館中央館入口

法律があって，市町村が恩恵として本を貸出すのではなく，市町村民が権利として本を借りることができるのである[1]。この法律は，地方公共団体の経営する図書館＝市町村立図書館や都道府県立図書館＝公立図書館と，一部の私立図書館に適用される法律である。

　一方で，英語の public library にあたる公共図書館という言い方がある。わが国では，大多数の公立図書館と一部の公共性の強い私立図書館を含めて公共図書館という。

　それでは，日本の公共図書館界に大きな足跡を残した東京都日野市立図書館（写真1-1）を例に，身近な図書館を詳しく見てみよう（読者諸氏はそれぞれ地元の図書館を見てほしい）。日野市立図書館は，ただ1つの図書館をさしているのではなく，中央館（または本館）といくつかの地区館（または分館），および，移動図書館からなる統合体である。全体で日野市立図書館である。そのため，市内のどこに住んでいても，本館や別の分館の所蔵図書を取り寄せてもらって利用できる。

　中央館の入り口を入ると，カウンターがある（写真1-2）。カウンターには職員がいて，図書の貸出・返却や，レファレンスサービス（質問回答サービス），利用相談などを受け付けてくれる。

　入り口を入ってすぐ目に付くところに，簡単な展

写真 1-2　日野市立図書館入口カウンター

示コーナーがある（写真1-3）。多くの図書館では，ある一定期間テーマを決めて所蔵図書のなかから関係のあるものを選んで展示したりする。たとえば，平和・反戦，人権，食育などである。図書館は，普段，あまり自己主張しないが，この展示コーナーだけは，図書館が何を大事に思っているかなど，密かに表現または発信している。そうした観点から展示コーナーを眺めてみるのもおもしろい。

展示コーナーのほかに，図書館にはいくつかの目的別コーナーがある。児童（書）コーナー，新聞・雑誌コーナー，大型本コーナー，視聴覚コーナー，レファレンスコーナー，パソコンコーナー，学習コーナーなどがある。こうしたコーナーには，「ビジネス支援」とか，「シルバー支援」「子育て支援」などのように，地域の特性をふまえて，市民の課題解決に役立つものが多く設置されるようになった。

日野市立図書館では，レファレンスサービスに力が入れられ，コーナーではなく2階全部がレファレンス室になっている（写真1-4）。利用者が自分の課題に集中できるように，採光をやや暗くし，それぞれの座席（キャレル）に読書ライトを設置している。

さて，新聞・雑誌コーナーでは，その日の新聞や雑誌の最新号を閲覧することができる。大型本コーナーには，書架に入りきらない大きな本が別置(べっち)されている。児童コーナーには児童書のコレクションが，視聴覚コーナーには視聴覚（またはAV）コレクションがあり，自由に視聴できるようになっている。図書館の規模によって，コーナーではなく1部

写真1-3　日野市立図書館展示コーナー

写真1-4　日野市立図書館2Fレファレンス室

写真1-5　日野市立図書館書架スペース

屋が当てられ，パソコン室や児童室のようになっていることもある。わが国では，学習室が別個につくられている図書館は少なく，書架スペース（または開架スペース）と一体になって，学習スペースとしてつくられているものが多い。雑誌が備えてあって，休憩がてらにぱらぱらとめくってみたりするブラウジングコーナーもある。

1階のカウンターを過ぎると一般書が配架[2]されている書架スペースがある。このスペースにわずかに配置された椅子やソファで館内閲覧してもよいし，貸出サービスによって借りて帰って利用してもよい。必要な本を探すときは，コンピュータで蔵書目録を検索する。

児童コーナーでは，児童らに読み聞かせやブックトークなどをおこない，読書習慣の練成に役立つ活動をおこなっている。

図書館の裏手に回ると移動図書館（自動車図書館）（カバー写真，写真1-6）の車庫がある。公共図書館は，市内全域サービスをめざし，分館をつくる以前は大いに利用された。移動図書館の利用の多いところに分館が整備されるにともない，その歴史的な使命（第14章も参照）も終えようとしている[3]。もちろん，移動図書館による活躍がこれからの自治体もある。

写真1-6　現在の日野市立図書館「ひまわり号」（明星大学学園祭にて）

群馬県大泉町立図書館には，館内に畳の間の休憩室がある（写真1-7）。また，自動販売機や給湯設備があって，お年寄りなどが長い時間滞在することができるようになっている。高齢社会にあって，「場としての図書館」が見直されている。

2018（平成30）年5月，日本一利用が多いとテレビの報道番組で取り上げられたのが，神奈川県大和市立図書館である（カバー写真）[4]。館内には，カフェがあり，閲覧スペースにおいても飲み物のもちこみ

写真1-7　大泉町立図書館の畳の間

が自由におこなえる今までになかった図書館である。カラオケ教室，着物の着付け教室などのさまざまな体験型イベントがおこなわれ，年間300万人という集客力は，さながらテーマパークのようである。「利用日本一」というのも納得である。

b．大学図書館と学校図書館

身近な図書館といえば，皆さんの通う大学の図書館もそうである。「図書館を上手に活用できなければ大学生ではない」といわれるほど，学生生活に欠かせない図書館である。大学図書館は，上にあげた公立図書館とは，いくつかの点で，異なった印象を受けるだろう。詳しいことは第10章で取り上げるが，まず，奉仕対象が限定されており，その目的は，大学における研究活動と教育活動を支援することである。

身近といえば，大学に進学するまで利用してきた学校図書館もそうである。学校図書館も公立図書館とは随分ちがう。大きくいえば，公立図書館は社会教育の範疇に入り，学校図書館は，学校教育の下にある。こうしたちがいもこれから学んでいこう。

第2節　外国の図書館

外国にもさまざまな図書館がある。図書館の先進国といわれるのがイギリスやアメリカ合衆国

である。イギリスで最も知られている図書館が大英博物館図書館（カバー写真）である。現在，巨大な博物館の内部に円形の閲覧室がすっぽり保存されている[5]。世界初の公共図書館といわれるのがボストン公共図書館である[6]。一方，世界最大の公共図書館といわれるのがニューヨーク公共図書館（カバー写真）である。ウィーン市立図書館（カバー写真）は，地下鉄の駅の上にある。さまざまなメディアを混在（混配）させているのが特徴の美しい図書館である。

写真1-8　台湾台北市立図書館

　一方，韓国の春川（チュンチョン）市立図書館は，コンピュータラボラトリを思わせるパソコン室が設けられ（カバー写真），子どもからお年寄りまでが遠隔学習やe-learningに従事していた。同じく清州（チョンジュ）市立図書館では，学習室が設置され，わが国が疾うの昔に失った儒教の教えを今も一部に残す国らしく男性の部屋と女性の部屋に分かれている（春川市立図書館の学習室は男女の別なく利用できる）。台湾の台北市立図書館は，地上11階，地下3階の巨大な図書館である（写真1-8）。学習室が設置され，国家資格など資格取得を目指す学習者で大変混み合っていた。わが国の図書館も一時期，学習室を整備した図書館があった[7]。図書館も国柄によってさまざまである。

第3節　歴史的な図書館

　人類が文字を発明すると書物が誕生した。書物は，本，書籍，図書，文献などさまざまないい方がある。書物が誕生するとそれを収める図書館が必要になる。ヘレニズム時代，地中海に面したエジプトの都市アレクサンドリアには，紀元前にあって蔵書70万巻も擁した大図書館があった（第5章で詳述）。この時代，「本」といえば，パピルスの巻物（巻子本（かんすぼん）という）である。古代アレクサンドリア図書館の主要部は現代に伝わっていないため，今，その姿を知る由もない。ほぼ同時代のエフェソスの図書館（現トルコ）の遺構（カバー写真）を見ると，古代ギリシア・ローマ建築の粋を集めた荘厳な建物であることがわかる。書架は朽ち果て今に伝わっていないが，壁の窪みに巻子本が重ねおきされていたと想像される。古代ローマの遺跡で有名なカラカラ浴場（写真1-9）にも図書館があった。当時の貴族らのリゾート施設に図書館が併設され，優雅な文化的な暮らしをしていたことが想像される。

　中世のヨーロッパは暗黒の時代といわれる。キリスト教以外のものは排斥され，それ以前の時代と比べると文化的に停滞した時代で，文字を読める人も少なく，社会に流通する書物の量も少なかった。紙ですら異教に端を発するものとして排斥され，羊皮紙がもっぱら用いられた。この時代は，印刷機はま

写真1-9　カラカラ浴場の図書館跡

だ出現していないので，本はすべて手で書き写され，製本され，立派な装飾が施された羊皮紙冊子本がつくられた。図書館として機能したのがわずかに修道院図書館である。本は，まだ貴重なものであったので，鎖でつながれ，書見台で読書した。

第4節　近未来的な図書館

　古代アレクサンドリア図書館の跡地と推定されているところに，現代アレクサンドリア図書館が建設されている（カバー写真）。エジプト政府が計画し，UNESCOと地中海沿岸諸国を中心とする世界中の図書館関係者が協力して現代に蘇らせた図書館である[8]。その規模の大きさと超近代的な建築様式に驚嘆するばかりである。約2000人の利用者が同時に利用できるという広大な利用空間に圧倒される。建築ばかりではなく，コンピュータ化やデータベース化も進んでいる。

　現代の図書館にコンピュータは欠かせない。「図書館とコンピュータは相性がよい」とは，試験にも出されるほどよくいわれる言葉である。いくつかの理由があるが，コンピュータ開発の当初から，図書館はコンピュータをより賢くするための応用フィールドとして意識されてきたこと[9]，図書館の蔵書データベースはデータベースの分野で典型的教科書的な事例であること，早くから実用的なネットワークとして稼働したこと[10]などがあげられる。

　そして，図書館界に大きな影響を与えたのが，1969年に登場するインターネットである。インターネット上には有益な情報から，単なる憶測や伝聞，他人を誹謗中傷するもの，子どもたちには見せたくないもの，犯罪まがいのサイトまで玉石混淆である。図書館は正確な情報を提供する社会的な責務があるので，インターネット上の情報のなかから適切なものを選別する能力が一般の人よりもはるかに求められる。インターネットは絶えず変化しており，こうした変化が，今後，図書館に新しい変革を求めるようになることは容易に想像できる。

　たとえば，2010（平成22）年は「電子書籍元年」といわれた。書物は電子の世界にも広がりつつある（写真1-10）。電子の本を集めれば電子図書館かというと，そう単純ではない。ここで肝心なのは，それは単なる情報ファイルなのか，それとも図書館と呼んでよいのか，という区別である。現実の世界であろうと電子の世界であろうと，正しく図書館と呼ぶためには一定の条件がある。その区別ができるようになるためには，図書館とは何かという正しい見識をもつ必要がある。これが本書の最も重要な課題の1つで，次章から，これを目標に学んでいこうというわけである。

　ただ，どのような図書館も私たちが利用者であることに変わりはない。そして，私たちは，電子の世界に住んでいるわけではないので，リアルな図書館と電子の図書館をうまく使い分ける必要がある。両方の機能を混在させた図書館をハイブリッド図書館ということがある。ハイブリッド図書館の先進事例といわれたの

写真1-10　iPadとkindle

が，千代田区立千代田図書館である。この図書館では，千代田区在住・在勤・在学者に限られるが，電子書籍の貸出もおこなっている。電子図書館のなかには，純粋にデジタルデータだけを扱うデジタル図書館もあれば，実世界の仕組みを仮想的につくり上げたバーチャル図書館もある。そこには，バーチャル図書館員がいて，利用者の求めるサービスをしてくれる。さらに，そう遠くない未来において，AI（Artificial Intelligence, 人工知能）やロボットが，私たち利用者や図書館員を大いに手助けしてくれる日がやってくるだろう（第15章で考察する）。すでに人型ロボット図書館員が就業している図書館もある[11]。

設問

(1) 自分の住んでいる町（市町村）の図書館を見学しなさい。そして，利用案内や掲示物やサイン（指示板）を見て，自分の知らない言葉（たとえば，「総記」などという言葉）があったら，それを書き出し（5つ程度），図書館用語辞典などで調べなさい。
(2) 自分の通う大学の図書館を見学し，町の図書館と何がちがうのかを考察しなさい。

参考文献
1. 図書館さんぽ研究会『本のある空間で世界を広げる　図書館さんぽ』駒草出版，2018年
2. 文部科学省「図書館実践事例集〜人・まち・社会を育む情報拠点を目指して〜」http://www.mext.go.jp/component/a_menu/education/detail/__icsFiles/afieldfile/2014/04/09/1346575_001.pdf（'19.3.31現在参照可）

注）
1) 図書館法（昭和25年4月30日，法律第118号）第3条第1項第1号では「（略）図書，記録，視聴覚教育の資料その他必要な資料（略）を収集し，一般公衆の利用に供すること」としている。巻末資料1参照。
2) 「排架」という字にこだわる人もいるが，どちらでもよい。
3) 現在，日野市立図書館では，移動図書館車による貸出が，貸出全体中に占める割合が1%台である。
4) 大和市立図書館（大和市文化創造拠点シリウス）ウェブサイト https://www.yamato-bunka.jp/library/（'19.3.31現在参照可）。テレビ朝日「スーパーJチャンネル」（2018年5月5日放送）の番組内で特集として取り上げられた。
5) 円形閲覧室は，イタリア人パニッツィーが設計したといわれ，開架式をはやばやと取り入れたことで有名である。老朽化した閲覧室を取り壊すことになったとき，英国民がこぞって反対し，現在のように保存されるようになった。
6) 世界初の公共図書館という点には諸説がある。詳しくは第6章。
7) 筆者が高校生であったのが1970年代初頭である。この頃，東京23区内の公立図書館には学習室があり，筆者も受験勉強であちらこちらの図書館を多く利用した。1970年は『市民の図書館』が出版された年である。図書館の閲覧席が受験生に占拠されることを嫌った一部の関係者が提示したモデル――学習室をつくらずに，図書は家に借りて帰ってもらう――が一般化され，学習室をもたない図書館が主流となっていったと考えられる。
8) 「アレクサンドリア図書館公式日本語サイト」http://www.bibalex.jp/Japanese/index.htm（'19.3.31現在参照可）。
9) 1951年に始まるMITの実験など。詳しくは本シリーズ第2巻『図書館情報技術論』参照。
10) 1967年に始まるOCLCの分担目録作業など。詳しくは本シリーズ第2巻『図書館情報技術論』参照。
11) 2015（平成27）年9月の山梨県山中湖情報創造館を皮切りに，翌2016年4月福岡県福岡市総合図書館，同年7月東京都江戸川区立篠崎図書館，2017年3月新宿区下落合図書館，同年8月山梨県立図書館など，ロボット図書館員は現在増加中である。

2 図書館の構成要素と機能および図書館サービス

　この章では，図書館をより深く理解するための第一歩として，図書館の要素を考えてみる。このどれが欠けても図書館ではなくなるという重要なものである。世の中には，図書館を無料貸本屋程度にしか理解していない人々もいるが，図書館は，本を収めた単なる建物ではない。重要なことは，図書館とは・サ・ー・ビ・ス・の・総・体・だと認識することである。

第1節　図書館の構成要素

libr	本を意味する
-ary	場所を意味する

図 2-1　library の語源

　英語の library の語源を訪ねてみると，「図書」のある「場所」を意味している（図 2-1）。日本語の「図書館」という言葉は，文字どおり「図書」を収容する「館」＝「建物」である[1]。それでは，「図書」と「建物」があれば図書館かというと，誰が考えてもそうではない。「書店」や「本の倉庫」は，「図書」と「建物」をもつが図書館とはちがう働きをしている。そうすると，図書館は，「本」と「建物」だけではない第3の要素が重要だということになる。

　「書店」や「本の倉庫」との大きなちがいは，必要とする利用者と必要とされる本との間をとりもち，橋渡しをする機能，言い換えれば，仲介機能のあり方である。利用者はどのような問題を

| 本 | ： | 建物 | ： | 人 |

図 2-2　図書館の三大要素

解決したいと願っているのか，それに適切な情報源は何か，それはどこにあるのか，どのようなかたちをしているのか，利用者は読書を楽しみたいのか，それとも知識を得たいのか，自分で情報を探せるようになりたいのか，探してもらいたいのか。こうした要望を瞬時に判断し，それに最も相応しいかたちの知識や情報を提供することが図書館員の務めである。この機能を担うことができるのは，今のところ人間でしかない。コンピュータがどんなに発達しても，人間に取って代わることはできない機能である。「本」「建物」，そして，「人」であるところの図書館員，これが図書館の三大構成要素である。このどれが欠けても図書館ではなくなってしまう。

　求める人に求められるものを，単に右から左に渡すだけなら，自動販売機でも十分にその仕事をしているといえる。図書館員が決定的に異なるのは，求める人に最もふさわしいかたちを考えて提供すること，すなわち，他者の心の内を理解し，最適な事柄を選んでおこなうことで，よい意味のお節介ということができる。言葉で表現するなら「サービス」というのが最もふさわしい。図書館は，図書と建物を通じて，人間が他の人間に対しておこなうサービスの総体なのである。

　図書館に関わろうとする人は，「図書館とは施設・建物ではなくサービスである」という言葉を終始忘れないようにしてほしい。

　ところで，三大構成要素の「人」とは第一義的には図書館員をさすが，同じ「人」であるとこ

ろの利用者も、また、別な次元で重要な要素である。利用者が来ない図書館は存在の根底からまちがっている。あとで出てくるが「図書館は進化する有機体である」といわれる。この意味は、利用者の求めるところに応じて図書館のあり方が変わっていくことを示したもので、利用者は、高次の意味ではるかに重要な要素なのである。

第2節　図書館の機能（図2-3）

a．教育機能と情報提供機能

前節で、図書館とそうでないもののちがいとして仲介機能をあげた。「機能」とは、「物のはたらき、活動できる能力、作用」（『国語大辞典』小学館）を表す。図書館は、他者に対する作用力をもつ存在である。だからこそ、地域にあって、また、組織のなかで、図書館の充実が人々

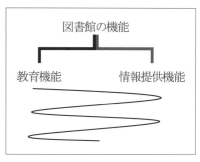

図2-3　図書館の機能

の暮らしをよい方向に変えていく。図書館の設置者である地方自治体や学校法人などが、どれだけそれを自覚するかにより、人々の幸福を左右するとさえいえる。

図書館にはさまざまな機能を見ることができるが、そのなかでも、最も重要な2つの機能を理解したい。情報提供機能と教育機能である。この2つは、ともに図書館の本質的な機能であるにもかかわらず、互いに相容れない性質をもつ。あるときは、どちらかが強調されたかと思えば、次にはそれが反駁されるというように、時代や館種（第9・10章参照）によって揺れ動き、未来永劫とどまることはない。そして、さまざまな場面でせめぎ合う。識者や論者の拠って立つ立場によって異なるし、時代的な風潮によっても変わる。折衷的に中間を取ろうというのもまやかしである。私たちは、この揺れを止めようと努力する必要はなく、本質的に揺れがあることを含みもって図書館を考えていくことが正解である。

この2つの機能によって起こる対立する議論の例として、選書理論をあげることができる。価値論と要求論である（図2-4）。簡単にいうと、図書館には予算が無尽蔵にあるわけではないので、世の中に出版された本のなかから利用者のためになるものを選ぶべきである、というのが価値論である。いや、予算が少ないからこそ、利用者が読みたいと思う本をまず選ぶべきである、というのが要求論である。これは、論者や時代的な風潮によって、それぞれ次のように反論される。「利用者のためになるといっても誰がそれを決めるのか、図書館員か、図書館員ってそんなに偉いのか」「偉ぶるわけではないが、利用者が読みたい本だけを選んでいくと、そのうち図書館にはマンガや小説しかなくなってしまう、マンガや小説が悪いというつもりはないが、バランスを崩した蔵書になってしまうことは否定できない、やはり、精神を高めたり知識を得たりする良書といわれるものを中心に収集すべきである」「いや、良書というけれど、それは押しつけではないのか」云々。価値論が図書館の教育機能を重視した立場であり、要求論が情報提供機能に拠って立つ理論であることは自明であろう。

この情報提供機能と教育機能のせめぎ合いは，レファレンスサービスの理論としても顕れてくる。レファレンスサービス（reference service）とは，簡単にいうと，利用者から向けられた質問に図書館の資料を用いて回答するサービスである（後述）。この理論に，保守理論（最小理論）と自由理論（最大理論）がある。前者は，図書館における調査は，求められれば調べ方は教えるが，原則的には，自分でやってもらうという立場を取る。調べ方を知っているということは，生きる力にもつながる重要なポイントであるという考え方が根底にある。後者は，

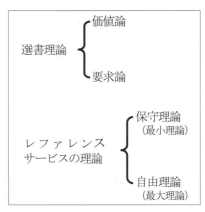

図2-4　図書館理論の揺れ

調べることのプロとしての図書館員が利用者に代わって何でも調べるという立場である。忙しい現代社会にあっては，利用者は効率のよい情報収集を求めているから，図書館員がそうしたお手伝いをすることが図書館の存在意義を示すことであるという考え方である。どちらが正しいレファレンスサービスのあり方か，ということを議論するのではなく，どういう図書館では一般的にどちらの理論が望ましいか，あるいは，もっと個別に，どの利用者にはどの理論が望ましいかというように，ケースバイケースで判断するのが正解である。

図書館では教育機能と情報提供機能はどちらも重要である。大事なことは，個々の利用者との関係のなかで，どちらを主として発揮すべきかをその場で判断し，適切に実行するバランス感覚である。対応できる時間やもっている情報資源の種類や質などの条件によってもこの力点のおきどころは異なる。そうした総合判断の結果として，ある人には保守理論で，別な人には最大理論で対応して構わない。要するに利用者に満足を提供することが図書館サービスの本旨なのである。

b．場の演出機能

上の二大機能に加え，第3の機能として，場の演出機能ともいうべき機能が図書館にあると考えられる。それは，教育機能や情報提供機能といった利用者に対するはっきりとした働きかけではない。しかし，図書館で，

図2-5　図書館の第3の機能

書架に並んだたくさんの本に囲まれていると，もっと読みたい，もっと知りたいと思ったりすることがある。図書館に集まって，読書会や勉強会がおこなわれるのも，こうした機能に由来すると考えられる。

わが国では，第2次世界大戦の直後に生まれた人々が人口構成上，数が最も多いことが知られている。いわゆる団塊の世代の人々である。これまで，わが国の社会を牽引してきたこうした人々が，2007（平成15年）年ごろからこぞって定年退職を迎えることにより，社会にある影響を及ぼすと話題になったことがある。2007年問題といわれた。現在は「2025年問題」といわれている（第15章で少し詳しくふれる）。

社会には定年退職した人々の行き場がないといわれる。生涯学習社会といわれながらも、こうした人々が安心して一日をゆっくり過ごす滞在型施設が少ないのが現状である[2]。団塊の世代はとくにそうであるが、定年退職をしてもなお元気な人々が多い。そのなかには、第2の人生を何か社会貢献をしながら余生を過ごしたいと考えている人も数多くいる。図書館はそうした人々が集まりやすい場所でもある。これも場の演出機能である。筆者は、オーストラリアのある公共図書館で、定年退職したあと、図書館の案内係を進んで引き受けた人に出会った。知的な好奇心と優しさと豊富な人生経験を兼ね備えた好人物であった（写真2-1）。

写真2-1　オーストラリアの図書館サポーター（定年退職者：右）

米国などでは、「図書館友の会」のような名称をもつ団体が任意につくられ、図書館を支える市民活動が盛んである。わが国の図書館は、市民の力を借りて、地域の図書館活動を活発にしていくことを、もっと積極的に考えてよいだろう。図書館はやはり人を集めるのである。

最近、大学図書館などでよくいわれるラーニングコモンズ（learning commons）も、この機能を重視した考え方である[3]。

第3節　図書館のサービス

図書館は施設・建物ではなくサービスである

図書館は施設・建物ではなくサービスである。それでは、図書館では、具体的にどのようなサービスをおこなっているのだろうか。

図書館では蔵書やインターネット上の情報などを自由に閲覧できる。「閲覧」は図書館サービスの基本である。（公立）図書館は老若男女を問わず、貧富の差や国籍や家柄などを問わず、一切の差別や区別をしない行政機関である。何でも自由に閲覧できることは、図書館のサービスの無限定性を保証するものである。この無限定性を示す標語として「みんなの図書館」といういい方がある。

館内で閲覧する代わりに、自宅に借りて帰って利用することもできる。これが「貸出」である。情報提供機能を重視する図書館では、この貸出の実績を高めることが重要である。従来、住民1人あたりの年間貸出冊数などが公共図書館活動を比較する指標[4]として用いられてきた。2018（平成30）年度、わが国全体の1人あたり年間貸出冊数は5.23冊であった[5]。ちなみに、わが国の公共図書館界で伝説のように語られる日野市立図書館の1人あたり貸出冊数は8.88冊であった[6]。

さて、図書館の底力を問われるのが「レファレンスサービス」である。質問回答サービスといいかえられるが、「解答」ではなく「回答」という字を当てていることからわかるとおり、問題

を解くのではなく，あくまで図書館の資料を参照（refer）して利用者の課題・問題の解決法を提示する業務である。もし，その図書館で解決できないときは，解決できそうな図書館やほかの団体にショウカイ（照会または紹介）してくれる。これを「レフェラルサービス」（referral service）という。図書館員に質問して答えを探してくれることを知らない利用者も多い。図書館が市民の課題解決に役立つことをもっとPRする必要がある。そして，わが国では，こうした図書館の活動を学校教育のなかで取り上げ，図書館を利用することが自然にできるように，学校教育の中身を変えていくことも考えていかなければならない。

　レファレンスサービスに属することだが，自分のかかえた課題を解決してくれそうなどんな本が世の中にあるのかを探すのが「文献探索」である。その図書館が特定の文献を所蔵しているかどうかを知りたいとき，また，あるテーマの下にどのような資料をもっているかを知りたいとき，「蔵書検索」をおこなう。コンピュータを用いて利用者が自分で検索できるようにつくられた目録をOPAC（Online Public Access Catalog, オンライン利用者目録）という。OPACは，インターネットを通じて自宅からでも検索できる。貸出中の図書は「予約」しておくこともできる。

　必要なページを「著作権法」の範囲内でコピーできる「文献複写」サービスもおこなっている。申し込めば，ほかの図書館や，場合によっては，国立国会図書館や大学図書館などから，「資料取り寄せ」サービスを利用することもできる。これをILL（Inter-Library Loan, 図書館間相互貸借）という。所蔵してない資料は購入希望のかたちで「リクエスト」できる。

　また，「児童サービス」（children's service）といって，子どもたちの読書習慣を養う活動が積極的におこなわれるのも公共図書館の特徴である。まだ本が読めない子どもたちに，本の内容を語り聞かせ，本に興味をもたせる活動もおこなっている。これを「ストーリーテリング」（storytelling）という。また，0歳児をもつ母親に絵本をプレゼントするなどして，いち早く，本の世界へ誘う「ブックスタート」（book start）もおこなわれている。自分で本が読めるようになった子どもたちには，「読み聞かせ」や「ブックトーク」（book talk）をおこない，読書への関心を高めていく。

　青少年少女期は，また，独特の年齢的な特徴を有し，成人とは異なる留意点も多く存在する。そこで，「ヤングアダルト」（young adult, YA）[7]という年齢的な設定をおこない，その最適なサービスのあり方が工夫研究されている。成人以降は自主的な図書館の利用が求められるが，高齢になると来館が困難であるとか，文字がよく読めないといった問題が生じるので，これらを補う「高齢者サービス」とか「シルバーサービス」というジャンルも確立されている。とくに図書館に来られない人には本の宅配や郵送などもおこなわれている。

　一方，「障害者サービス」[8]といって，図書館利用に何らかの障害のある人々にもサービスが行き渡るように考えられている。この中身は一様ではなく，弱視や視覚障がい，聴覚障がいなどによって情報にアクセスできない人々ばかりではなく，病気や怪我などによって身体的にアクセスできない人々，学習障がい（LD, Learning Disability）やその中心をなすディスレクシア（Dyslexia, 読みの困難）のように，情報のアクセス自体に問題をかかえる人々まできめ細かくサービスをお

こなっている。国内に居住する外国人も日本語という言語の壁のあることを考えると，情報へのアクセスが制限されるといってもよい。そこで，外国人向けのサービスを工夫研究する「多文化サービス」というジャンルも確立されている。

また，図書館員が学校などへでかけて読み聞かせをするなど，既存の図書館サービスを館外へ"出前"しておこなうことを「アウトリーチサービス」(outreach service) という。

設 問

(1) レファレンスサービス理論の保守理論（最小理論）と自由理論（最大理論）は，どちらが情報提供機能に立脚した立場であり，どちらが教育機能を重視した立場か考察しなさい。
(2) 「みんなの図書館」という標語は，図書館における全的サービスを貫こうとする姿勢を示すものである。では，その内容はどういうものになるのか考察し，900字程度にまとめなさい。

参考文献
1. 奥野宣之『図書館「超」活用術』朝日新聞出版，2016年
2. 近江哲史『図書館力をつけよう：憩いの場を拡げ，学びを深めるために』日外アソシエーツ，2005年

注）
1) フランス語では図書館は bibliothèque という。biblio- が「本，バイブル」を意味し，-thèque が「棚」を意味する。ドイツ語では bibliothek, イタリア語では biblioteca, ロシア語では Библиотека (Biblioteka) である。
2) わが国では，一時期，「閲覧席の席貸しは図書館サービスではない」といわれたことがある（日本図書館協会『市民の図書館』1970, p.15) が，本論は，これと真っ向から対立する考えをもつ。
3) 電子と紙のさまざまな情報資源を用い，複数の学生が議論を進めながら自学自習する「場」のこと。図書館員による相談サービスも受けることができる。
4) 年間貸出冊数を奉仕対象人口（公共図書館の場合は，住民の総人口）で割ったもの。貸出密度ともいわれる。年間貸出冊数を利用登録者数で除したものを実質貸出密度という。最近の図書館活動の評価方法では，指標をさらに詳しく区分けし，入力側，出力側，出力の効果（それぞれ，インプット，アウトプット，アウトカムという）で評価することが求められるようになった。本シリーズ第5巻も参照のこと。
5) 日本図書館協会『日本の図書館 統計と名簿 2018』2019年, p.23。
6) 前掲, pp.150-151。
7) ヤングアダルトの年齢的な明確な定義はないが，わが国では，およそ，中学生・高校生段階とされている。ただし，人によっては，昨今のパラサイト現象や引きこもり現象をとらえ，「社会人になるための準備段階にある年齢」として，30歳くらいまでを対象にするという議論もある。東京日野市立図書館のヤングアダルトサービスはこの定義の下におこなわれている。
8) 本シリーズでは，日本図書館協会の見解にもとづき，「障害者サービス」を図書館利用に何らかの障害（バリアー）がある場合，その障害を取り除こうとするサービスのことをいう。一方，個人的・身体的なものをさす場合は，「障がい」の字を用いる。

3 図書館の業務モデル

この章では，図書館では実際にどういう業務をおこなうのかということを理解する。すべての仕事を詳細に説明しても煩雑になりすぎるので，ここではモデルを用いて理解するに留める。

対象の理想的な姿をとらえ，図表や統計グラフや数式などを用いて直感的にわかりやすく表現したものをモデルという。この章では，図書館の業務モデルを考察する。同時に，ここに出てくる最低限の図書館固有の用語について精通しておきたい。

第1節 図書館をシステムとして考える

システム（system）とは，個々の要素が相互にある関係をもちながら結合し，全体としてある目的をもって作動するものをいう[1]。環境から何かを取り込み，結果を環境に戻すものをオープンシステムという（図3-1）。この場合，取り込むものを入力（input），戻すものを出力（output）という。全体は個々のシステムの統合体とみなすことができる。個々のシステムをサブシステム，全体をトータルシステムという（図3-2）。

図書館をシステムとして考えてみよう。図書館は，図書およびそのほかの資料（併せて「図書館資料」[2]（library materials）という）を購入したり，寄贈をうけたりして蔵書を調える。すなわち，図書館資料が入力される。図書館は，一旦購入された資料だけで運営されるのではなく，常に利用が見込まれる新刊書を購入し，雑誌や新聞の最新号を受け入れる。つまり継続的に入力がある。

その入力を見ると，まず，量のうえで圧倒的に多いのが図書である。冊子体の資料には雑誌や白書・年鑑のように終期を予定しないで順を追って刊行される定期刊行物や，定期的に刊行されない不定期刊行物もある。これらをまとめて逐次刊行物（serials）という。電子雑誌のように紙を用いないものもある。また，ホームページ（home page）などは，終期を予定せずに不定期に内容が更新される電子的な頒布媒体とみなすことができるので，これらを含めて継続刊行資料といういい方もなされる。さらに，図書館には，紙芝居，レコードやCD（Compact Disc），ビデオやDVD（Digital Versatile Disc），BD（Blu-ray Disc）のような視聴覚資料（AV資料，Audio-Visual materials）も収蔵される。CD-ROM（Read Only Memory）やDVD-ROMのように，パソ

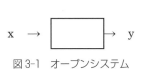

図3-1 オープンシステム

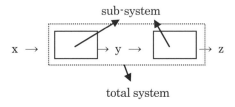

図3-2 トータルシステムとサブシステム

コンの外部記憶媒体として利用されるものも収集される。これらは電子資料として扱われる。また，昔の新聞や入手し難い図書などは，マイクロフィルム（microfilm）やマイクロフィッシュ（microfiche）のかたちで収蔵することもある。これらを一括してマイクロ資料（micro forms）という。学校図書館などでは，まれに，岩石や昆虫の標本，人体模型などを収蔵することがある。これらを博物資料（または博物館的資料）という。

近年，これらの図書館資料に加えて，オンラインデータベース（online database）やホームページなど，インターネットから，直接，情報（information）を取り込むようになった。従来の図書館資料と大きく異なるのが，「物」としての実体をもっていないことである。

資料（materials）とは，紙や磁気テープ，光ディスクのように何らかの物性をもった媒体に，印刷，磁化，レーザー光線で性質を変えるなどによって，情報を記録したものをいう。すなわち，「物」に「情報」を固着化したものが「資料」である。ところが，インターネットから情報を直接取り込む場合は，この「物」にあたる部分がない。もはや，「資料」とはいえなくなってしまった。そこで，相応の言葉として「ネットワーク情報資源」（network information resources）という言葉が用いられ始めた。当然，「図書館資料」という言葉も使えなくなったので，新たに「図書館メディア」（library media）という言葉が用いられるようになった[3]。

資料は記録メディアであり「容器」に，インターネットは伝達メディアであり「パイプ」に比喩される（図3-3）。「メディア」とは，実体のある「資料」と実体のない「ネットワーク情報資源」の双方を上手くいい含むことのできる表現である。また，「容器」に比喩されるものをパッケージ型メディア，パイプに比喩されるものをネットワーク型メディアということもある。双方合わせて図書館で利用するリソースという意味で，新たに「図書館情報資源」[4]（library information resources または library & information resources）という言葉も用いられるようになった。

さて，一方の出力は何であろうか。図書館の出力は利用者に向けられる。利用者はこれを入力し，知識を増やしたり，新しい着想，発想，アイディアを

図3-3 メディア（記録メディア＋伝達メディア）

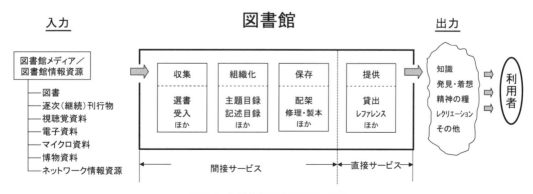

図3-4 伝統的教科書的業務モデル

得たりする。人によっては，精神の糧であったり，読書の楽しみ（すなわちレクリエーション）であったりする。出力は，図書館の利用目的ごとに異なり，その目的に応じた種類がある。利用者のなかには，図書館資料によって得た知見を自分のなかでまとめあげ，それを著書やレポートや作品のかたちで出力することもある。これを図解したのが図3-4である。

第2節　図書館の業務モデル

　図書館をシステムとしてとらえようと何であろうと，利用者にとっての関心事は，その出力である。出力がしっかりとさえしていれば，利用者にとってはシステムの中身はブラックボックスであっても構わない。場合によっては，入力についてもほとんど頓着しないかもしれない。端的にいえば，「利用者にとって何らの利益を出力しない図書館は無用の長物である」ということになる。そうでなければ，税金を返せといわれても仕方がない。

　しかし，図書館にかかわろうとする私たちは，ブラックボックスのまま放っておくわけにはいかない。図3-4を見ると，図書館の内部は4つの要素で構成されていることがわかる。これをサブシステムとしてとらえることもできる。入力された図書館情報資源は，順に，収集，組織化，保存，提供と渡されてゆき，最後に利用者に向けて出力される。この4つは，言い換えれば，「図書館業務」の柱ということができる。個々の業務は，また，それぞれ個別にまとまった「作業」によって構成される。

- ●収集：世の中に個別に存在している資料や情報資源をコレクションに繰り入れるための一連の作業。選書，受入のほか，発注，検収，装備などの作業で構成される。
  - ○選書：図書館に予算が無尽蔵にあるわけではないので，刊行された資料すべてを購入することはできない。そこで，市販の資料のうち，予算の範囲内で，その図書館にふさわしいものを選んで購入する。そのため，適切な選択基準（criteria）が必要となる。市販資料ばかりではなく，自分で作成する資料も，インターネット上の情報資源についても同様である。
  - ○発注：書店へ注文書を出したり，出版社に直接依頼したり，場合によっては寄贈を呼びかけたりする。
  - ○検収：注文どおりの資料が届いたか，落丁・乱丁はないかを確認する。
  - ○受入：財産目録でもある図書台帳（または図書原簿）に記録し，毎年の会計監査に備える。
  - ○装備：蔵書印を押したり（昨今，省略する図書館も多い），バーコードラベルやタトルテープあるいはICタグを施したり，資料が汚れないようあらかじめラミネートフィルムをかぶせたりする。
- ●組織化：収集業務によって，蔵書に繰り入れられた資料は，購入した順番に書架上に並べておけばよいのだろうか。誰が考えてもそのような図書館は使いにくい。自分が好きな作家の本，自分の課題を解決できる資料に簡単にたどり着ける仕組みや仕掛けが必要である。こうした仕組みや仕掛けを準備することを図書館では「組織化」という。組織化は，主題目録作業，記述

目録作業などからなる。
- ○主題目録作業：現代の図書館では，図書は主題ごとにグループ化され配架される。資料から主題を取り出す作業がこれである。主題は，言葉で表すものと，記号体系のなかに位置づけるものとがある。前者が，件名作業，後者が分類作業である。
- ○記述目録作業：図書は主題ごとにグループ化され配架されるので，書名がわかっている人にとっては逆に探しづらい。同様に，著者名からでもアプローチしにくい。そこで，索引機能を利用する。実体物が別の所にあるため（この場合書架上），実体物の代わりに手元に簡便なリストをつくって扱うものを一般に目録という。目録はリストである。図書館の目録とは蔵書のリストのことである。リストから実体物へ案内するのが索引機能である。書名順にリスト化されたものが書名目録，著者名順にリスト化されたものが著者目録である（ほかに件名目録，分類目録などがある）。現代では，データベース化されたコンピュータ目録が一般で，書名順，著者名順に編成することは意味がなくなっている。この蔵書目録を準備することを記述目録作業という。
- ●保存：保存業務は，配架作業や修理・製本作業からなる。
- ○配架：配架[5]とは，所在記号（請求記号）順に書架上に図書を並べることで，多くの図書館では開館前におこなうことが多い。図書館の資料は，借り出されては返却され，次の人の利用を待つ。元の位置にきちんと戻されていないと，ほかの利用者が利用できなくなる。
- ○修理・製本：図書は1回きりの消耗品ではないので，コレクションとしてできるだけ長く現役のまま維持される必要がある。汚損があればきれいにし，破損があれば修理し，破れやすい表紙であればあらかじめ補強しておくような作業が必要である。
- ●提供：図書館はどんなに貴重な図書を収蔵していようとも，利用されなければ死蔵しているのも同じである。利用者の手にわたって初めて図書が図書たる役割が発揮される。利用者は館内で本を読んだり，家に借りて帰ったりする。さらに，自分の知りたいことを教えてくれる本はどれか，子どもの興味関心を引き出してくれそうな絵本は何かといった相談を受けたり，そもそも，利用者がかかえている問題を図書館の資料を使って解決するお手伝いをしたりする作業がある。文献複写やILLも提供業務である。
- ○貸出：誰がどの資料を借りたかが追跡できるような記録を一時的に残す。手作業の時代には，ブラウン方式とか逆ブラウン方式というものがあったが，現代は，コンピュータによって簡便に貸出がおこなわれる。自動貸出装置もある。
- ○返却：図書が返却されたら，直ちに貸出記録を破棄する。貸出記録は個人のプライバシーにかかわるものだからである。
- ○レファレンスサービス：利用者のかかえている課題を解決する手助けをする。

第3節　テクニカルサービスとパブリックサービス

図3-4のうち,「収集」「組織化」「保存」までの業務をテクニカルサービス（technical service, 間接サービス）といい,「提供」業務をパブリックサービス（public service, 直接サービス）という。間接サービスは, 利用者からは見えないところ, いわばバックヤードでおこなわれる。直接サービスは利用者に対して, 直に図書館の効用が伝わるサービスである。

現代の図書館では, 多くのテクニカルサービスが, 外部化（アウトソーシング, outsourcing）される傾向が強い。これは, 業務モデルが変化しているのではなく, 担い手が変わってきているだけである。主題目録作業, 記述目録作業は, コンピュータの力を借りて, コピーカタロギング（copy cataloging）をおこない, 図書館員が, 直接, 目録作業をすることはまれになっている。しかし, テクニカルサービスのなかのとくに「選書」は, その図書館の教育意図[6]を体現するものなので, 責任ある立場の人間がおこなうのが望ましい。

パブリックサービスのなかの「貸出」も, アルバイトなどの非正規雇用の人材に任される傾向がある。しかし, 図書館員と利用者が直に接する場面なので,「貸出」を重要視する意見はいまだ根強い。「今日は天気がいいですね」とか,「新しい本が入りましたよ」といった, 利用者とのコミュニケーションがはかれる大事な機会であることはまちがいない。しかし, 一日に何千冊も借り出される図書館では, 会話どころではないのも事実である。そのため, 自動貸出装置をおいている図書館もある。これは, 貸出作業に特化したロボットである。

レファレンスサービスこそ, 現代の図書館論では, 図書館員の重要な牙城であるといえる。利用者との全人格的な相互コミュニケーションのなかで, 利用者の課題や問題を解決していく。図書館が, 単なる無機質な自動販売機とは異なる重要な仕事なのである。

以上のように, 図3-4を眺めると, 図書館でおこなわれる業務が端的に把握できる。対象を直感的に把握できるようにしたものをモデルというが, 図3-4は, 以前からどの図書館の教科書にも掲載されてきたという意味で,「伝統的教科書的図書館業務モデル」ということができる。実際には, 図に表れない細かな実務がある。たとえば, 延滞者への督促状の送付, 展示コーナーの設置, レフェラル資料の作成, 図書館新聞や図書館報の発行, 選書委員会など各種委員会の主宰, 上位機関である教育委員会への連絡文書の作成など, 実に多岐にわたる業務が実際にはおこなわれている。先に例に出した東京日野市立図書館では, 業務一覧に80以上もの項目が並んでいた。

さらに, 時代の変遷により, このモデルでは説明できない新しい業務開発をおこない実践する意欲的な図書館もあ

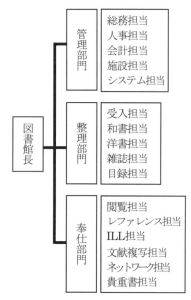

図3-5　図書館の業務体系例

る。たとえば，OPACの使い方の指導，パスファインダー（pathfinder，第2巻に事例掲載）の作成などは，この業務モデルのどこにも位置づけられない。逆にいうと，現代は，伝統的教科書的なモデルを打ち破る斬新な業務開発が求められている時代といってもよい。そのためにも，温故知新ではないが，きちんと定式化された業務モデルをまず学習することに意義がある。

この伝統的教科書的図書館業務モデルのほかに，業務体系をそのまま反映して，管理部門，整理部門，奉仕部門という分け方もある（図3-5）。

設問

(1) 図3-4を見ながら，個々の作業の内，図書館学を学ばずとも（言い換えれば，素人でも）できる作業はどれか。逆に，専門的な知識や経験が必要な作業はどれか，区分けしなさい。
(2) 「利用者にとって何らの利益を出力しない図書館は無用の長物である」というのは，どういうことを言い表しているのか，900字以内で述べなさい。

参考文献
1. 藤田節子『新訂図書館活用術—探す・調べる・知る・学ぶ』日外アソシエーツ，2002年（前半第3章までがサービスや機能を解説した入門編，後半が活用編となっている）
2. 二村健監修『図書館が大好きになる めざせ！ キッズ・ライブラリアン』全3巻，鈴木出版，2010年（児童生徒向けの書だが，図書館ではどのような仕事がおこなわれるのかわかりやすく説明した，大学の初年次教育にも使える図書館の入門書）

注）
1) システムの概念は古代ギリシアの哲学に遡る。英語のsystemはギリシア語のsystēmaに由来する。生物から社会集団，人工物や電子回路など，また，微細なものから巨大なものや，物理的なものから論理的なものまでさまざまなシステムが考えられるが，これらの多様なシステムに適用可能な一般理論を構築しようとする動きが起こった。これを一般システム理論といい，ウィーン生まれの生物学者ルートヴィヒ・フォン・ベルタランフィ（Ludwig von Bertalanffy, 1901-72）が1950年代に提唱したのが始まりといわれる。
2) 「図書館資料」という言葉は，現在も「図書館法」（昭和25年法律第118号）で法律用語として用いられる。
3) メディアとは英語のmediaであり，それ自体複数形で，mediumが単数形である。mediumは「データを記録または保存できる物理的な材料または実体。例えば，紙，フィルム，テープ，磁気ディスク」などをいう。一方，mediaは，「情報の運び手となる，あらゆる形態の資料およびコミュニケーション・チャンネル」のことである（『ALA図書館情報学用語辞典』丸善）。
4) 2008（平成20）年6月の図書館法改正により，図書館法施行規則が改訂され，2012年から文部科学省令で規定される科目を大学で開講することが必須となった。この省令科目について検討を重ねてきた，これからの図書館の在り方検討協力者会議は，2009年2月，『司書資格取得のために大学において履修すべき図書館に関する科目の在り方について（報告）』を出した。そのなかで，「図書館資料にネットワーク情報資源を加えて，図書館情報資源としてとらえる必要がある。(p.5.)」，「これまでの『図書館資料』にネットワーク上の情報資源を加え，これらを包括するものを『図書館情報資源』と位置付けた。(p.6.)」とした。
5) 図書館用語では「配列」を「排列」，「配架」を「排架」と表現することがある。「排」の字には「排除する」のほかに「モノをきちんとならべる」という意味がある。「排架」は明治時代から使われており，「排」にこだわる人もいるが，「配」の字でもまったく差し支えない。
6) 関口礼子編著『新・生活のなかの図書館』，学文社，2000年，pp.10-16。関口は，「それぞれの図書館が，なにをコレクションとして備えるかが，それを利用する人に与える影響が大きい」と指摘し，これを図書館の教育意図と表現した。

図書館の社会的意義

　第2章で図書館が単なる建物ではないことを示した。この章では，さらに進んで，図書館の社会的意義について考えることにする。しかし，社会的意義とはむずかしい言葉である。ここでは，「図書館がこの社会に存在するからこそのすばらしさ＝私たち一人ひとりが精神的，物質的な利益を受けて，それを味わい楽しむことができる恩恵」としておこう。

第1節　民主主義社会と図書館

> 価値ある行為は正しい情報群の上に築かれる
> 成熟した市民は成熟した図書館ユーザーであり，逆もまた真なり

a．幸せを追求する権利

　私たちは誰もが自分が幸せにありたいと願っている。残念なことに，人類の長い歴史のなかで，幸せにありたいと願ってそのとおりに過ごせた人はごくわずかしかいないだろう。この問題がむずかしいのは，幸せである状態が人によってちがうことである。ある人にとって，使い切れないほどの財産をもつことが幸せかもしれないし，別な人にとっては，愛する家族と健康に過ごせることかもしれない。人によって，それぞれ幸せな状態が異なるので，「誰もが幸せな社会」というのはあり得ないというほかはない。

　ならば，「誰もが幸せになる権利がある社会」ならつくることができるかもしれない。注意しなければならないのは，ある人にとって幸せな状態が別な人にとって不幸せな状態かもしれないということである。これもこの問題をむずかしくさせる要因である。他人を押しのけたり踏み台にしたり利用したりして，良心が痛んででも幸せになりたいかと聞けば，多くの人はそうではないというだろう。踏み台にされたり押しのけられたりするのは，それ自体不幸である。だから，そうした不幸を他人に強いては，自分は幸せでいられない。自分が幸せになる権利だけを主張していたら，誰もが幸せになれる社会には決してならない。権利の一方で相応の義務があり，この義務を果たす責任もまた個々の人間に委ねられている（それを知っている者が"大人"と呼ばれる）。

　上のことを正しく言い換えるなら，「他人が幸せになろうとする権利を誰も踏みにじることができない社会」ならつくることができる，となるだろう。これを「幸せを求める権利」（幸福追求の権利）といい，わが国の「憲法」では，この権利を第一に認めている[1]。

　たとえば，自分の将来なりたい職業が他人の誰かによって決められてしまうような社会は，幸福追求の権利が認められている社会とはいえないとわかると思う。つまり，何事も自分で決められる社会，同時に，他人が決めることを妨げない社会，これが，幸福を追求する権利が認められた社会である。そして，民主主義社会とは，そのような社会のことをいう[2]。

　民主主義社会とは，他人に押しつけられるのでもなく，他人のいいなりになるのでもなく，自分のことは，自分で判断し，選択し，決定し，その結果に自分で責任をもつ社会である。言い換

えれば,「生きる力」をもった人々の社会である。

では, 何事も自分で決めるためには何が必要か。情報である。しかも, 正しい情報である。右に行けば猛獣がいる。左に行けば美味しい食べ物がある。はじめからこの情報をもっていれば, 右に行く, すなわち, 自ら危険に陥る人はいない。情報は, 意志決定の基本的要素（basic ingredient of decision making）といわれる。そして, ここから導き出されるのが, 冒頭の言葉「価値ある行為は正しい情報群の上に築かれる」である。

人間は, 社会生活のなかで, 自分で物事を決めなければならない場面が必ずある。そのとき, 判断・選択・決定が正しい情報を基礎になされなければ, その行為自体が正しいものではなくなり, 無意味になってしまう。

図書館は, できるだけ多くの知識や情報を集め, 必要な人に素早く的確に提供する社会的な機関である。しかも, 貧富の差や, 性別や, 門地家柄などによる一切の差別・区別をしない。人々は, 何の制約も, 何の規制[3]も受けずに, 自らの判断・選択・決定のための情報を収集することができる。図書館の社会的存在意義がここにある。

図書館は民主主義社会を下支えする機関であることが理解されたと思う。他人に依存せず, 他人に迎合せず, 自らの意志で物事を決めようとする人々が, 図書館へやってくる。この自己判断・自己選択・自己決定・自己責任を実践するのが, 真に成熟した市民である。すなわち,「成熟した市民は成熟した図書館ユーザーであり, 逆もまた真なり」である。

b. 心の滋養

> 読もうが読むまいが, それで死ぬということはない。しかし, どう生きるかというときに読書を重ねたかどうかが問題となる。

上に述べた幸せを求める権利のなかには, 衣食住の最低限の生活を営む権利や, 思想・信条（または良心）の自由などがある（第13章で再び取り上げる）。人間が知的であるための, そして, 自分の知らなかったことを知りたいと願う知的な要求を満たすことも, 生きる権利と同じくらい重要である。

ある読書に関するフォーラムで, フィンランドメソッドの第一人者は,「読もうが読むまいが, それで死ぬということはない。しかし, どう生きるかというときに読書を重ねたかどうかが問題となる」と語った[4]。

「生きる」という現実的な差し迫った問題の前に, 図書館は影が薄くなることがある。2011（平成23）年3月11日, 岩手県, 宮城県, 福島県沖でマグニチュード9.0という世界でも4番目に強い地震が起こった。その後の津波で沿岸地域の多くの都市, 港湾施設が壊滅的な被害にあったことは記憶から消えることはない。約2万人の死者・行方不明者を出したわが国の災害史上未曾有の大惨事となった[5]。高台に避難し, かろうじて生き延びることができた人々は, 各地の避難所に寄り集まった。全国から救援物資が寄せられ, 自衛隊・在日米軍が率先して食料・生活物資を配送した。彼らは生きる権利があった。最低限の生活が保証される権利があった。当然のごとく, 幸福を追求する権利がある。

今日・明日を生き抜く水・食料の問題は喫緊である。だが, わが国の支援体制において, それ

と同じ位重要な支援が後回しにされたことが明らかとなった。心の滋養である。目の前で大事な人を失った強い悲しみ，肉親・友人の安否が不明な苛立ち，避難所でのプライバシーが制限さ

表4-1 「特定非常災害」に指定された災害

阪神・淡路大震災	平成8年12月26日政令第352号
平成16年新潟県中越地震	平成16年11月17日政令第355号
東日本大震災	平成23年3月13日政令第19号
平成28年熊本地震	平成28年5月2日政令第213号
平成30年7月豪雨	平成30年7月14日政令第211号

れた生活。現場に居合わせていない私たちには，想像すらできない過酷な状況，精神的ショックに対して，届けて欲しいのは心の滋養であった。一部に，これに気がつき，自らボランティアとして被災地に赴き，読み聞かせなどをおこなった人々がいる。また，絵本や児童書などを集めて被災地に送った人々もいる（筆者も，図書館関係の複数の団体を通じて募金をした）。わが国は，究極の状態においても，ほどよくバランスが取れる国民であることが，世界を驚かしたりもしたが，この知的な心の滋養という問題は，残念ながら，十分ではなかったといわざるを得ない。

公益社団法人日本図書館協会が，現地に人を派遣して，被害状況の把握を始めたのは，震災後，ほぼ1カ月が過ぎたときであった。電気がないからコンピュータ貸出ができない（昔ながらのブラウン式の貸出方式を思いつく人は少ない）。ディーゼル規制があって，他県から移動図書館車が出動できない。読み聞かせのボランティアはいるが，指揮系統がないため，同じ避難所に3チームが行ってしまった，大人ばかりで子どものいない避難所に行ってしまった，寄贈された図書を届ける方法がなくて滞貨しているなど，問題は山積していた。それでも強い意志をもった現役の，そして，引退した図書館員たちが立ち上がった。その報告（書）に接してほしい。

日本は災害列島である。阪神・淡路大震災以降に創設された「特定非常災害」（表4-1)[6]指定も2016（平成28）年熊本地震，2018（平成30）年7月豪雨と続いている。図書館が水害に弱いのは事実である。図書館界は災害が起こるたびに経験を重ね，その支援のあり方を追求している。

c．日本国憲法を支える図書館

「図書館法」の第1条を見てみよう。「この法律は，社会教育法（昭和24年法律第207号）の精神に基き，図書館の設置及び運営に関して必要な事項を定め，その健全な発達を図り，もつて国民の教育と文化の発展に寄与することを目的とする」とある。「図書館法」が「社会教育法」によって，導き出された法律であることがわかる。

「社会教育法」の第9条を見ると（表4-2），図書館と博物館が共に社会教育機関として，法律上，いわば兄弟分であることがわかる。また，この第9条第2項で別に定められた法律が「図書館法」および「博物館法」である[7]。「社会教育法」と「図書館法」「博物館法」が，導出／被導出の関係にあることが明言されている。

一方，「社会教育法」の第1条には「この法律は，教育基本法（平成18年法律第120号）の精神に則り」となっており，「社会教育法」の上位法が「教育基本法」であることがわかる。さらに，「教育基本法」の前文をみると「（略）ここに，我々は，日本国憲

表4-2 社会教育法第9条

第9条 図書館及び博物館は，社会教育のための機関とする。
2 図書館及び博物館に関し必要な事項は，別に法律をもつて定める。

法の精神にのっとり，」とあり，「図書館法」は「日本国憲法－教育基本法－社会教育法－図書館法」という連綿とした法体系のなかに位置づけられ，「日本国憲法」の精神を具体化するものであることがわかる。

「日本国憲法」（昭和21年11月3日公布，昭和22年5月3日施行）は，周知のように，第2次世界大戦に敗れたわが国が，国の成り立ち，国家としてめざす目標，統治体制の根本を文章で定め，内外に宣言したものである。その基盤を民主主義においた。すべての法律の根本を定めており，わが国の法体系の頂点に位置する。

「日本国憲法」の基本原理は，国民主権，基本的人権の尊重，平和主義といえる。また，その前文で，国民主権，民主主義，平和主義，国際協調主義の4点を表明している。図書館はこれらのすべてに関わる社会的な存在で，そういう意味で「日本国憲法」を支えているのである（第13章「知的自由と図書館」で再びこの問題を取り上げる）。

第2節　知識基盤社会と図書館

「21世紀は知識基盤社会（knowledge-based society）であると言われている」という書き出しで始まる国の文書がある[8]。そのなかで，知識基盤社会とは「新しい知識・情報・技術が政治・経済・文化をはじめ社会のあらゆる領域での活動の基盤として飛躍的に重要性を増す社会」のこととされ，その特質として表4-3のようなことがあげられた[9]。

知識基盤社会はピーター・ドラッカー[10]の説が有名である。また，この言葉に早くも反応したのがOECD（経済協力開発機構）であった。OECDは学力に関する新しい認識を示した。知識基盤社会において成功する人間のもつ力とは何かという観点から分析してみると，従来の学力観では不十分で，「これまでの知識や技能の習得に絞った能力観には限界があり，むしろ学習への意欲や関心から行動や行為に至るまでの広く深い能力観，コンピテンシー（人の根源的な特性）に基礎づけられた学習の力への大きな視点が必要[11]」とした。そして，国際的に標準となる学力を測定するPISA（Programme for International Student Assessment）調査（＝生徒の学習到達度調査）を実施した。このPISA調査の概念的な枠組みとして定義づけられるのがキーコンピテンシー（key competency）で，わが国では「主要能力」と訳されている。OECDによるこの調査は，わが国の教育関係者に大きな波紋を投げかけた[12]。日本人の学力低下の問題が批判されるにいたった。

知識は常に元のままではない。盤石で揺れがないというのは誤った考え方である。知識の陳腐化は避けて通れない。このことを最もよく示すのが，太陽系第9惑星の問題であろう。筆者らの世代では，「水金地火木土天海冥」の9つが太陽系の惑星だった。とこ

表4-3　知識基盤社会の特質

(1)知識には国境がなく，グローバル化が一層進む
(2)知識は日進月歩であり，競争と技術革新が絶え間なく生まれる
(3)知識の進展は旧来のパラダイムの転換を伴うことが多く，幅広い知識と柔軟な思考力に基づく判断が一層重要となる
(4)性別や年齢を問わず参画することが促進される

ろが,2006(平成18)年から,突然,8つとなった[13]。もう1つ例をあげよう。よく知られる鎌倉幕府の成立である。「1192(イイクニ)つくろう」と語呂合わせで覚えたものだが,最近では,1185年としている教科書もあるという[14]。

「価値ある行為は正しい情報群の上に築かれる」という原則に照らせば,頭のなかの知識を常に新しいものに入れ替えておく必要があるが,普通の生活をしている人間は,太陽系の惑星のことはあまり話題にしないだろう。学校教育を終えるとその機会はなかなかないのである。OECDのいっていることは,いずれ陳腐化してしまうものもあるのだから,知識を豊富に覚えることが重要なのではなく,必要なときに,最も新しい知識を取り出せる方法を知っていること,そうした意欲や心構えが重要だということである。ここに図書館の出番がある。図書館界では,ずっと以前から,これを「第二の知識」といってきた[15]。

図書館は,知識の宝庫である。知識の全分野にわたって収集し,収蔵し,全体をあたかも統合された知識であるかのように構成している。そして,常に新しい知識を入力している。図書館は,まさに知識のスーパースターなのである。私たちは,断片的な情報であれ,部分的な知識であれ,明確な方針のもとに位置づけがはっきりしており,それを取り出す仕組みが施されている構造体を利用しない手はないのである。

第3節　生涯学習社会と図書館

a．生涯学習と図書館

「生涯学習」と聞くと,ある本のなかの記述を思い出す。日本人は世界でもまれな向学心の強い国民であるという。その根拠となったのが,2000(平成12)年1月にインターネット上でのアンケートを集計したもので,対象となった9800名の成人男女のうち,90％以上が,何らかの物事を学びたいという意志をもち,会社勤めをする男女のうち,資格の取得を望んでいたり,スキルアップに興味があったりする人の割合が73％になったという[16]。

図書館界という狭い分野ですら,全国どこかで毎日のように研修会や勉強会をおこなっている。試しに,2018(平成30)年度1年間の図書館界のイベント・研修会の実施状況を集計してみた。北海道から沖縄まで,その回数186回であった(表4-4)。展示会のようなイベントにも,必ずといってよいほど,講演会やセミナーが付随している。2日間にわたるものも,6回〜15回連続する講座ものもある。のべ日数を数えてみると270日となり,3日に2回のペースで,全国どこかで図書館関係の研修会や講演会がおこなわれていたことになる。

表4-4　2018(平成30)年度図書館関係イベント(研修会)実施回数

4月	5月	6月	7月	8月	9月	10月	11月	12月	1月	2月	3月	計
7	9	16	17	8	11	20	36	13	15	16	18	186

出典：日本図書館協会ホームページ「イベントカレンダー」より作成

図書館界が，格段勉強好きとも思えない。しかし，手芸や囲碁のようなホビーから，危険物取扱やペン習字などの免許や資格の取得講座，学会や研究会，また，読書会や討論会，公民館やデパートや駅ビルでの公開講座，大学の出張講座，企業内研修，そして，通信教育まで，さまざまな分野，さまざま形態を考えると，わが国では，気の遠くなるような数の学習機会が提供されていることになるだろう。「生涯学習」とことさらいわなくても，日本人はそういう社会に生きてきたのである。この国民の勉強好きはやはり本当だと思う。

　図書館は，いうまでもなく，人々の学習ニーズに応える情報を直接提供する。そればかりではなく，生涯学習の「場」を提供する。「貸出」を重視するあまり，閲覧席をつくってこなかった図書館もあるが，徐々にその見直しの気運は高まっている。

b．生涯学習政策の展開と諸刃の剣

　さて，「生涯学習」は，1965年ユネスコ国際成人教育推進委員会で，「生涯教育（lifelong integrated education）」の考えが打ち出されて以来，1970年代に日本でも取り入れられた言葉である。

　1987（昭和62）年の臨時教育審議会の最終答申では，「学校中心の考え方を改め，生涯学習体系への移行を主軸とする教育体系の総合的再編成を図っていかなければならない」と指摘し，学校教育を生涯学習の一環として位置づけた教育改革の必要性を提言した。さっそく，翌年7月，文部省は大規模な組織改革をおこない，「生涯学習局[17]」を設置，序列の筆頭に位置づけた。わが国が生涯学習社会へと進んでいくことを象徴的に印象づけた。

　1990（平成2）年6月29日，『生涯学習の振興のための施策の推進体制等の整備に関する法律』（法律第71号，略称『生涯学習振興法』）が公布された。生涯学習社会を「人々が，生涯のいつでも，自由に学習機会を選択して学ぶことができ，その成果が適切に評価されるような社会」とした。

　1995（平成7）年，『地方分権推進法』が成立し，1990年代半ばからわが国で論じられてきた地方分権が，議論の段階から一挙に実行の段階へ移った。

　1998（平成10）年9月17日，生涯学習審議会は『社会の変化に対応した今後の社会教育行政の在り方について』を答申した。地方分権の議論を強く受け，たとえば，公民館運営審議会の必置規制の廃止，国庫補助を受ける場合の図書館長の司書資格要件等の廃止，公立博物館の学芸員定数規定の廃止，社会教育施設の管理の民間委託の検討などを提言した。そのなかで，「図書館サービスの多様化・高度化と負担の在り方」という項目では次のように述べている。

「近年の情報化の進展には目を見張るものがあり，社会のあらゆる領域に情報化が浸透しつつある。図書館についても，例えば，コンピュータネットワークを通じて，自宅にいながら図書館の提供する情報を得ることや，図書館において館の内外の様々な情報を得ることが可能になるなど，今後図書館の提供するサービスは多様化・高度化することが予想される。

　一方，公立図書館は，入館料その他図書館資料の利用についてはいかなる対価をも徴収してはならないと法定されているが，今後公立図書館が高度情報化時代に応じた多様かつ高度な図書館サービスを行っていくためには，電子情報等へのアクセスに係る経費の適切な負担の在り方の観

点から，サービスを受ける者に一定の負担を求めることが必要となる可能性も予想される。

　このようなことから，地方公共団体の自主的な判断の下，対価不徴収の原則を維持しつつ，一定の場合に受益者の負担を求めることについて，その適否を検討する必要がある。」

　「対価不徴収の原則を維持しつつ，受益者負担」という訳のわからない論理。これに象徴されるように，地方分権論と規制緩和論には，社会教育行政の受益者＝国民による応分な負担を求めることを容認させようとするロジックが隠されていた。

　地方分権論のハイライトは，およそ，次の4点である。

①中央政府の機能を国家の存立にかかわる政策などに純化させ強化すべきであり，地方行政については多くを地方公共団体に委ねるべきである。

②人口，経済，文化等の東京圏への過度の一極集中を改め，地域の産業・文化を支える人材を地方で育成し，地域社会が活力を取り戻すことが求められている。

③世界有数の豊かな経済社会を実現したわが国では，真に豊かな成熟化社会へと脱皮するためには，国民の価値観の多様化を踏まえなければならない。そのため，ナショナルミニマムを超える行政サービスは，地域住民のニーズに応じて地域住民の自主的な選択にゆだねるべきである。それぞれの地域が固有の自然，歴史，文化などを生かし，交流を進めることにより，多様で個性に満ちた社会を形成することが課題である。

④急速な人口構造の高齢化に鑑み，住民に身近な市町村が保健，医療，福祉，生涯学習サービスを総合的に提供することが必要である。

　ここで，改めて，民主主義の原理が強調された。わが国が引き続き社会の活力を維持していくためには，個人，企業，行政を問わず，民主主義の原理である自己選択の権利と責任の重要性を改めて明らかにし，官から民への「規制緩和」と国から地方への「地方分権」をともに推進していかなければならないと主張されたのである。

　この章の冒頭で述べた（自己判断・）自己選択（・自己決定）と自己責任は諸刃の剣である。成功するのも失敗するのも自分の責任である。これを極端に推し進めていくと，勝ち組，負け組がでるのも仕方がないという論理となる。莫大な借金をかかえた国や地方公共団体が，そのための支出を最小限にしようという意図が見え隠れする。民主主義の原理をうまい言い訳に使わせてはならない。失敗しても再チャレンジが可能な社会をめざすなど，国や社会が十分なセーフティーネットを準備したうえで進めるなら，より理想的な社会を産みだすことができるだろう。

設問

(1) 被災地の図書館救援活動について扱った報告書を入手し，分析しなさい。そして，本章で述べた，「心の滋養」（さまざまな表現があろう）という問題を自らの言葉で定式化しなさい。

(2) 社会教育行政の"諸刃の剣"とはどういうことか，自分の言葉で900字程度で説明しなさい。

参考文献

1. 辻桂子『真夜中の図書館／図書館を作る 市民・企業・行政』郁朋社，2006年（利用者の立場から述べられた秀逸な図書館論）
2. 西川馨編著『学力世界一を支えるフィンランドの図書館』教育史料出版会，2008年
3. 加藤孔敬『東松島市図書館 3.11からの復興 東日本大震災と向き合う』（JLA図書館実践シリーズ29）日本図書館協会，2016年

注)

1) 憲法第13条。「生命，自由及び幸福追求に対する国民の権利」のこと。
2) 歴史における政治体制の変遷は，権力を誰が行使するかという主体の争いであった。権力が単独の人間に属するのが君主制，少数の特権階級に属するのが貴族制で，人民が権力を所有するとともに，自ら行使するのが民主制である。民主主義とは，本来，そうした政治体制を示す言葉であったが，現代では，社会集団の諸活動のあり方や人間の生活態度についても説明するようになってきた。
3) 図書館も人間が運営するので，ときに，間違いをおかすこともある。何の規制もなく資料を提供したいが，ときに時流に乗って，ある種の資料を意識的に排除してしまうこともある。これを戒めるのが，「図書館の自由」（第13章で扱う）という言葉である。
4) 北川達夫氏 基調講演「読書力と言語力―『ことばの力』を育む」 文部科学省・独立行政法人国立青少年教育振興機構主催〈平成22年度「子ども読書の日」記念 子どもの読書活動推進フォーラム―国民読書年を迎えて〉 2010年4月23日。
5) 消防庁災害対策本部が2018年3月7日発表した報告では，死者19630名，行方不明2569名である。消防庁災害対策本部『平成23年（2011年）東北地方太平洋沖地震 第157報 別紙』平成30年3月7日，p.7.
6) 国が指定する災害には「特別非常災害」のほか「激甚災害」「特定大規模災害」「非常災害」などがある。
7) 同様に，博物館法の第1条を見ると，「この法律は，社会教育法（昭和24年法律第207号）の精神に基き」と，同様なことが書かれている。
8) 中央教育審議会『我が国の高等教育の将来像（答申）』平成17年1月28日。
9) 前掲，p.3.
10) 知識基盤社会の到来を論ずる学者は多数いる。たとえば脱工業社会という概念を提示して一躍有名になったダニエル・ベルもその1人である（『知識社会の衝撃』ティービーエス・ブリタニカ，1995年）。しかし，わが国に最も大きな影響を与えたという点では，ピーター・ドラッカーをあげるべきで，その著書『ポスト資本主義社会』（ダイヤモンド社，1993年）の日本語版への前書きでは，「いろいろな面で日本は，本書が論じている中心的な変化の1つである知識社会への移行に向けて最もよく準備されている」と述べている。また，「日本の成功がなければ，自由世界が繁栄することはなかった」とまで言っている。しかし，一方で，「日本の高等教育は，（略）21世紀のものではない。19世紀のものである。」といった批判もあり，こうした批判にこそ真摯に耳を傾けるべきである。
11) ドミニク・S・ライチェン，ローラ・H・サルガニク，立田慶裕監訳『キー・コンピテンシー：国際標準の学力をめざして』明石書店，2006年，pp.9-10。
12) PISA調査のほか，国際教育到達度評価学会（IEA）によるTIMSS（Trends in International Mathematics and Science Study）調査（＝国際数学・理科教育動向調査）がある。TIMSSとPISAでは学力観が異なる。
13) 2006年8月24日，惑星の定義について検討を重ねていた国際天文学連合（IAU）の総会で，冥王星を惑星から格下げし，太陽系の惑星を8個とする最終決議案を，二転三転の議論の末に採択した。『東京読売新聞』2006年8月25日付朝刊，1面。
14) 「(教科SHOW) 中学校の歴史 1192は違うの？ 鎌倉幕府成立」2008年2月23日付『朝日新聞』夕刊6面。他にも，仁徳天皇陵の名称は「大仙古墳」と記され，江戸時代の身分制度「士農工商」も実態に即さないと今は削除されている。歴史研究の進歩を示したものという。「こんなに変わった歴史教科書」山本博文監修，2009年1月18日付『東京読売新聞』朝刊12面。
15) 藤川正信『第二の知識の本』新潮社，1963年，340p。
16) 逆手康志『Eラーニング』東洋経済新報社，2000年，p.41。
17) 2001（平成13）年以降は「生涯学習政策局」と改められた。また，2018（平成30）年10月からは「総合教育政策局」に再編された（第11・15章を参照）。

5 文化を伝承し保存する図書館

　この章では、図書館がなぜ、この世に誕生したのか、その根本の問題を考えてみたい。いうなれば図書館の発生史である。図書館の歴史は書物の歴史とともにあるといってもよい。書物の誕生は、もちろん、文字の発明によってもたらされた。このあたりを注意して見ていけば、図書館が人間社会に現われた根本の理由がわかるだろう。このことから、図書館の社会的使命、重要性がより一層深く認識できるだろう。

第1節　言葉の発生・文字の発明・書物の誕生

　アフリカに生まれた最初のサル的ヒトは、猛獣たちに対しては肉体的に弱い存在であった。普段は樹上生活をしながら、食べ物を探すため、草原に降りては、危険のないよう辺りを見回す。こうして、直立歩行が習慣化した。直立歩行は、声帯の圧迫を解放し、さまざまな声色が使えるようになった。集団社会の規律と統制をさらに強固にするため、発声に独特の意味を込めるようになっていったと考えられる。これが言葉の発生である。直立歩行は、また、脳の発達を促し、日常生活あるいは部族的共同社会を営むためのより多くの情報を処理できるようになった。集団のリーダーは部族社会の酋長や王となり、やがて、王権の由来、歌謡、きまり、教訓など、集団を維持していくのに必要な事柄を、神話・伝承などのかたちで子孫に伝達していくようになる。図書館になじみのストーリーテリング（storytelling）は、こうして始まったと考えられている[1]。この伝承を専門の生業としていたのが、語り部といわれる人々である。

　伝承は、世代を超えた情報の伝達行為である。はじめは、永らく人間の脳の記憶機能にのみに頼っていた。共同体を営む限り情報は日々生産される。共同体の規模そのものも大きくなってくると、人間の脳の記憶容量ではいずれ不足してくることは明らかである。こうして、人類は、必然的に永続的な情報メディアを必要とするようになった。

　このような展開は、わが国で『古事記』がつくられた事情にも見られる。日本の語り部の代表格は稗田阿礼である。大和朝廷は、自己の歴史として、「帝紀」「旧辞」を6世紀半ごろからまとめはじめ、そして、8世紀はじめ稗田阿礼の暗誦したこれらを太安麻呂が筆録して古事記ができあがった話はよく知られている。このときのメディアは木簡であった。

　ところで、情報の表現は言葉だけとは限らない。初めてマンモスに出会った人類は、あの巨大な得体の知れない動物のありさまを、ほかの仲間にどうやって伝えただろう。はじめは、小枝で地面に絵を描いて見たものを相手に伝えようとしただろう。洞穴の壁に描けば、風雨を避けることができ、表現したものが持続することを知るようにもなっただろう。こうして、人類は文字の原型である絵文字（pictogram）を発明するのである。絵文字とは、単なる自然界の描写ではなく、

何らかの意味と結びつけられた記号的なものをいう。これが、絵の輪郭のみになり、象形文字となっていった。こうして文字の形と意味とが結びついた表意文字（ideogram）が生まれるのである[2]。

一方、文字を記録する媒体ついて見ると、樹皮や獣皮が用いられたことは十分考えられるが、これらは朽ちやすく今に伝わらなかったであろう。永続する媒体として、メソポタミアでは粘土板が、エジプトではパピルスが使われた。

写真 5-1　粘土板の絵文字
（ペルガモン博物館蔵，筆者撮影）

現存する最も古い粘土板による書物はメソポタミアの紀元前3500年代のウルク（Uruk）古文書である。粘土板は、板状にした粘土がまだ柔らかいうちに尖った棒で跡をつけて文字を書き（楔型になるのは少し時代が下がってからである）、保存の効くように日干しにしたり火で焼いたりして生産された（写真5-1）。一方、現存する最も古いパピルスの書物はエジプトの紀元前3000年頃のものである。パピルスは、湿地に棲息する高さ2mほどの多年草で、古代エジプト人は、その茎の随を細くひき裂いたものを縦横に何本も並べて圧着してパピルス紙[3]をつくった。1枚ものとして用いるほか、何枚も貼りつないで棒に巻き、いわゆる巻子本として用いた。

以上のように、当時の世界の先進文明地帯では、日常的に扱うべき情報量の増大と空間的な生存圏の広がりに対して携帯・移送に便利であり、しかも、時間的にも永続する記録媒体を発明するにいたった。つぎには、それまで蓄えられていたさまざまな人間の智恵を人類の知識遺産として後世に伝える社会システムを登場させたのである。

第2節　社会的記憶装置

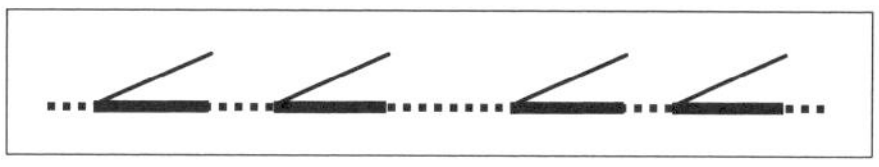

図 5-1　伝承と発展のない社会

動物にも文化があることを世界に初めて示したのは、京都大学の今西錦司（1902-1992）である。宮崎県串間市の幸島に生息する野生のニホンザルを研究していたとき、一匹の若いサルが砂まみれの芋を海水で洗って食べることを覚えた。これが、同世代、そして、上の世代に広まり、若い世代が成長し子をもつと、下の世代にも広まっていった。砂まみれの芋はどう考えても美味しく味わえない。ものを美味しく食べようとする工夫はそれ自体文化である。最初に芋を洗うことを覚えたサルが、すぐ死んでしまったり孤立して暮らしていたりしたら、幸島のサルたちは、今日まで文化の恩恵を受けることはなかっただろう。文化が伝承されなければ人類社会の進歩もあり得なかった。このことを模式的に示したのが図5-1である。新しい発明・発見があっても、他人に伝わらなければなかったも同然である。後日、単発的に同様な発明・発見があっても、全体としてみれば、社会は停滞したままである。それに対して、伝承が起こる社会では、前の世代が到達した段階をスタートラインにして、つぎの世代が新たな発見・発明を追加することができる。社会全体は右肩上がりに進歩する（図5-2）。

これが図書館の重要な意義の1つであることは指摘するまでもなかろう。図書館は人間の記憶機能を超え，社会的記憶装置としてこの世に誕生した。図書館の文化的使命としてつぎの2つがあげられる。1つは，著作物の収集・保存である。2つ目は，著作物を整理し有効な処理によって人々の利用に供することである。古代の図書館は，まず，第1の使命を満たすために出現した。

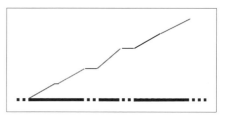

図5-2 伝承と発展のある社会

現在，わかっている人類史上最も古い図書館の1つは，紀元前2000年ごろの地層から発掘されている。メソポタミア（シュメール時代）のニップール（Nippur）にあった神殿の図書館である。このほか，著名なものは，アッシリアのニネヴェ（Ninive）にあったアッシュールバニパル王（Ashurbanipal, B.C.668-627）の図書館で，約2万点の粘土板が発掘されている。この図書館は，主題ごとに部屋が分かれ，部屋には棚がつくられ粘土板がきちんと整理され収められていた。各部屋には所蔵リストが付され，各粘土板には所在位置を示すタグ（札）が付けられていた。これは，今日の請求記号が受けもつ役割の1つを果たすもので，蔵書管理上，かなり進んだ形態をとっていたことが知られている。

古代エジプトでは，テーベのラムゼウス神殿（B.C.1500ごろ）などに神殿図書館がつくられた。国の主だった出来事を記録する神聖記録（ヒエライ，アナグラファイ）を神官が保管するようになった。神殿のなかに図書館をつくるという習慣は，ギリシアやローマにも継承され，古代民主主義のギリシアでは，ペイシストラトス（Peisistratos, B.C.6Cごろ-B.C.527）が初の公開図書館をつくった。集書はすべて写本によっていた。書写を専門の生業とする人々が図書館の周辺に存在した。周辺諸国の書物までも収集するために，書写生が遠くまで派遣されたりした。その際，原本とちがわないように校訂をおこなう専門の学者までかかえていたのである。

ヘレニズム時代は，情報の集積が大きく進んだ時代であった。エジプトにアレクサンダー大王（Aleksandros ho Megas/Alexander the Great, B.C.356-B.C.323）がアレクサンドリア（Alexandria）という都市をつくった。エジプトの統治を引き継いだ大王の部下マケドニア人プトレマイオス1世（Ptolemaios I, B.C.367-B.C.282）は，ここに，ギリシア文化を根づかせようと，プラトン（Platon/Plato, B.C.427-B.C.347）のつ

図5-3 古代世界と古代都市遺跡

くったアカデメイア（Akademeia）にならい，ムーセイオン（Mouseion）という学園をつくった。これに附置した図書館が，この時代最も著名な「古代アレクサンドリア図書館」である。

　この図書館では，世界中の"知"を集めようとするかのような徹底した集書がおこなわれ，紀元前にあって，最盛期には70万巻を所蔵したといわれる。また，この時代の多くの学者らがこの図書館で研鑽を積み，たとえば，アルキメデス（Archimedes, B.C.287-B.C.212）が『浮体論』を著し，プトレマイオス王に献呈した話は有名である。代々の図書館長にはこの時代の優れた学者が就任し，地球の子午線を発見したエラトステネス（Eratosthenes, B.C.275-B.C.194）もまたその1人であった。また，ピナケス（Pinakes）という大部にわたる目録がつくられ，検索して資料を取り出す仕組みが施されていた点で，当時の「地中海世界のデータベース」といわれている。

　プトレマイオス（Ptolemaios）朝エジプトの最晩年の女王が，絶世の美女とうたわれるクレオパトラ7世（CleopatraVII, B.C.69-B.C.30）であった。ローマから宿敵を追ってきたカエサル（Julius Caesar, B.C.100-B.C.44）の協力を得て後継者争いに勝利するが，戦いのさなか，アレクサンドリア図書館が焼失するのである。このとき，「私の図書館が！」と絶叫したことがドラマチックに語られるが[4]，かの有名なクレオパトラが，歴史上最初の図書館フリーク（freak＝熱狂的ファン）であったのではないかと想像してみるのも楽しい。

第3節　歴史のなかの日本の図書館

a．古代・中世のわが国の図書館

　日本の図書館の起源は古く，大宝律令（701）の官制に見える図書寮（ずしょりょう）に遡ることができる。図書寮は国史の編纂・図書経籍類・仏典・仏像などの保管の場であった。また，図書寮以外にも，文書・記録類の保管庫としての役目をもつ文殿（ふみどの）（または，ふどの）が設置されていた。一方，仏教が伝来し，各地に寺院が建立されたが，そこに仏典・写経などを収める蔵がつくられた。こうした施設は，一種の図書館的な機能をもっていたが，一般への公開はおこなわれていなかった。

　その意味で，奈良時代末に石上宅嗣（いそのかみのやかつぐ）（729-781）が開いた芸亭（うんてい）は，日本最初の私設公開図書館であり，日本図書館史上画期的意義をもつ。宅嗣は，その旧宅を寺となし，その一角に外典（げてん）（仏教関係の書物を内典といい，それ以外の一般の書物を外典といった）を収めた文庫を設け，好学の人々に蔵書を公開して自由に閲覧させた。

　平安時代には，紅梅殿（こうばいどの）・江家文庫（こうけ）・法界寺文庫・宇治文庫などの個人の文庫が設けられたが，いずれも芸亭のような一般公開はせず，各氏族の者以外は閲覧できなかった。

　武家社会の確立した鎌倉時代では，金沢文庫が代表的な図書館といえる。1275年，北条実時（1223-1276）が創設し，仏典・和漢の各分野にわたる膨大な群書を収めていたといわれる。注目すべきは，その蔵書を北条氏一門のみならず，一般の人々にも貸出していたことである。一般への門戸開放は芸亭にも比すべき歴史的意義がある。北条氏滅亡後は，称名寺に委ねられ，その旧書も江戸時代初期には，幕府によって富士見亭文庫（後述）に移された。現在の文庫は1930（昭

和 5) 年に神奈川県立金沢文庫として再興したものである。

　武家の創設した文庫では，室町時代初期に成る足利学校[5]も有名である。足利学校は，僧侶の研修施設ともいうべき場であったが，その文庫は，学校図書館のような機能をもち，漢籍を中心とした蔵書 3000 冊を数えた。

b．近世のわが国の図書館

　江戸幕府を開いた徳川家康（1542-1616）は，国内の貴重な書物の散逸を恐れ古書の収集に意を注いだ。1601（慶長 6）年，江戸城内に富士見亭文庫を建て，足利学校から専門家を呼んで目録をつくらせた。また，駿河にも駿河文庫を設置し，当代一流の学者林羅山（1583-1657）を呼んで管理にあたらせた。富士見亭文庫は，1633（寛永 10）年に初めて書物奉行がおかれ，蔵書管理・目録編纂の本格的な図書館管理形態が出発した。しばらくして江戸城内の紅葉山霊廟の境内に移されたため，以降，一般に紅葉山文庫といわれる。この文庫は代々の将軍が増強していき，また，諸大名の寄贈などにより，江戸末期には約 16 万巻の蔵書をもつにいたった。

写真 5-2　芸亭伝承地（撮影筆者）
所在：奈良市立一条高等学校横
住所：奈良県奈良市法華寺町 1351

　各藩の大名たちは，徳川家の文庫にならい，それぞれ文庫を増強していったが，加賀 100 万石の尊経閣文庫は，紅葉山文庫にも匹敵する質と量をもっていたといわれる。また，豊後（大分県）佐伯藩毛利家の佐伯文庫も 8 万巻を所蔵したと伝えられ，尊経閣文庫，水戸の彰考館文庫と並び賞される文庫であった。諸大名以外では，摂関家の 1 つであった近衛家の陽明文庫が知られている。また，嵯峨本の印刷事業に貢献した角倉素庵の家蔵書をはじめ，個人で所有する文庫も 10 数万巻規模のものさえ見られた。

　江戸中期以降は，政治社会が格段に安定し，武士も学問を志すようになった。さまざまな学者が輩出したが，伊藤東涯の古義堂文庫をはじめ，学者の個人文庫も充実していった。学問の興隆は，各藩の藩校の創立，また，民衆社会にあっては，寺子屋の開設などへと影響した。こうした教育施設には付属の文庫が併設されたことはいうまでもない。もと林羅山の私塾であったものを，1797（寛政 9）年に幕府直轄とした昌平坂学問所は著名である。ここには紅葉山文庫から書物の移管もされ，充実した蔵書を備えるようになった。そればかりではなく，1842（天保 13）年には，全国の出版物の検閲をこの学問所にておこなうことになり，新刊図書がすべてここに集まるようになった。1537 年，フランスの王室図書館で始まり，周辺各国に広まったとされる納本制度が，近世期鎖国体制下のわが国でも実施されたということになる。

　文字文化・出版文化・学問の隆盛は，必然的に庶民の知識欲も刺激するようになった。蔵書を庶民に公開する図書館もわずかながら現われるようになった。板坂卜斎の江戸浅草文庫，岡山藩の経宜堂，飛騨高山の雲橋社文庫，短命であったが福岡藩櫛田神社の文庫桜雲館，仙台の青柳館

文庫，江戸時代末期の伊勢の射和(いざわ)文庫などがあげられる。これらは，はっきりと民衆教化を目的としており，公開図書館の位置づけも与えられる。しかしながら，これらは少数の希有な例であり，幕藩体制下において愚民政策をとる諸藩にはなじまない社会政策であった。公開図書館は江戸時代を通じてわが国には根付くことはなかったといわざるをえない。

公開無料の原則には反するが，近世期のわが国の大都市圏に発達した貸本屋は，まさに公開図書館の代わりをなすものであった。1830年代には，江戸だけで800軒の貸本屋があったという記録もある（多くは貸本を背負って貸し歩く行商人のようなものであったと考えられている）。店舗を構えていた大貸本屋としては，江戸の長門屋，名古屋の大惣(おおそう)が有名で，明治の文学者坪内逍遥や幸田露伴，二葉亭四迷，尾崎紅葉などが若いときにこの大惣を利用していたという。貸本屋は，庶民の下層の人々にも浸透しており，読書文化がわが国全体に広まっていたと評してよいだろう。

設 問

(1) 人類は，なぜ，文字を発明したのか。記録，人頭，数字，徴税，官僚機構，住民支配の道具，権力，といったキーワードをもとに考察しなさい。
(2) わが国の「江戸時代」の時代的意義を，情報，蓄積，出版文化，読書文化，藩校，寺子屋，教育，文明開化，といったキーワードをもとに考察しなさい。

参考文献
1. 藤野幸雄『図書館史・総説』（図書館・情報メディア叢書1）勉誠出版，1999年
2. モスタファ・エル＝アバディ著，松本慎二訳『古代アレクサンドリア図書館』（中公新書1007）中央公論社，1991年

注）
1) ストーリーテリングの発祥は有史以前というのが学者の普通の理解であり，最も古い言及は，今から4千年前のパピルスに書かれたものといわれる。ルース・ソーヤー著，池田綾子［ほか］訳『ストーリーテラーへの道』日本図書館協会，1973年，p.68。
2) さらに，単独の文字で意味を表し，かつ，音の単位も表すものを表語文字（logogram）という。漢字は代表的な表語文字である。
3) パピルスの表記は，ギリシア語では，papyros，ラテン語では，papyrusである。もちろん，英語paper，仏語papierの語源となった。しかしながら，パピルスは厳密に言うと「紙」ではない。大きなちがいは，「紙」に「漉く」という工程があるが，パピルスにはそれがない。
4) たとえば，英国BBCが制作した映画など。一方で，アレクサンドリア図書館の終焉はそれほど劇的なものではないという学者も多いという。Maureen Sawa, "The Library Book," TUNDRA BOOKS, Canada, 2006, p.22。
5) 足利学校の創建については諸説がある。古くは，奈良時代に開かれたという説，平安時代初期の天長9年（832）年説，鎌倉時代初期の足利義兼（?-1199）が建てたという説，室町時代中期の永享11年（1439）上杉憲実よって開かれたという説などがある。史跡足利学校事務所「足利学校の歴史」http://www.city.ashikaga.tochigi.jp/site/ashikagagakko/rekishi.html（'19.3.31現在参照可）。

6 公共図書館の成立と展開

　私たちは博物館を利用するときに入館料を支払うのが普通だが，図書館では，入館料を支払ったためしはない。Blu-rayやDVDレンタル店などとちがって，本も無料で借りられることが当たり前である。どうして「タダ」なのだろう。当たり前に思っていることも，改めて考えてみると不思議である。この章では，公共図書館に焦点をあて，その成立と展開について扱う。

第1節　公共図書館とは何か

a．ユネスコ公共図書館宣言にみる公共図書館

表6-1　近代公共図書館の5原則

1. 公開
2. 無料
3. 公費支弁
4. 法的根拠
5. 民主的運営

　1945年に終結した第2次世界大戦は，人類史上，最も大規模で悲惨な戦争であった。多くの戦死者，民間人犠牲者を出したこの戦争がなぜ起こったのかという反省にたち，国際連合の下にある組織がつくられた。周知のUNESCO（United Nations Educational Scientific and Cultural Organization, 国連教育科学文化機関）である[1]。

　ユネスコは，1949年，『ユネスコ公共図書館宣言』（UNESCO Public Library Manifesto）を出し，「公共図書館が教育，文化，情報の活力として，また平和を育成し，人間間，国家間の理解を増すための主要な機関である」という認識が示された。図書館と世界平和が結びついた瞬間である。そして，近代公共図書館が満たすべき要件が提示された（表6-1）[2]。

　公共図書館は，性別，職業，宗教，階級や門地家柄，人種や国籍によって利用が制限されてはならない。地域住民のすべての人々に公開されなければならない。そのため，貧富の差による利用の可否があってはならないから，無料で利用できることが原則である。無料にするにしても，運営のための経費はかかるから，それは公費で支弁されなければならない。公費は，勝手に支出できないから，地域住民の了解の下，すなわち，法的根拠を背景にして支出するのが原則である。

表6-2　ユネスコ公共図書館宣言の変遷

	1949年	1972年改訂	1994年改訂
宣言の対象	一般の人々	教育者および地域社会の社会・文化事業に携わる指導者	国および地方自治体の政策決定者，全世界の図書館界
内　容	・公共図書館は民主主義を下支えする機関 ・人々が民主主義を支える普遍的な教育を受けることが重要 ・生涯にわたって学ぶことのできる施設であることを強調	・人々の教育要求に応える施設である ・気晴らしや楽しみのための図書も用意して，人々の心を活気づけることができる施設である	・公共図書館が，地域の情報サービス拠点として位置づけられる ・ネットワークが推進される ・図書館員の専門教育，継続教育が必要

表 6-3 公共図書館の使命（ユネスコ公共図書館宣言 1994）

1.	幼少期から子どもに読書習慣をつけさせ，強化する
2.	個人教育および自主教育を支援する，同様に，すべての学校段階の正規教育を支援する
3.	個人の創造的な発展のための機会を提供する
4.	子ども，若者の想像力および創造力を刺激する
5.	文化遺産への目覚め，芸術，科学業績，および，革新を鑑賞するよう促す
6.	すべての公演芸術の文化的表現に接する機会を提供する
7.	異文化間の対話を奨励し，多様な文化を支持する
8.	（ストーリーテリングによる）伝承を支援する
9.	あらゆる種類の地域情報に対する市民のアクセスを保証する
10.	地域の企業，会社および利益集団に対する適切な情報サービスを提供する
11.	情報リテラシー，コンピュータリテラシーのスキルを高める機会を提供する
12.	あらゆる年齢層に対する識字活動およびそのプログラムを支援し参加する，また，必要あれば，そうした活動を開始する

(筆者訳)

そうして，経営される図書館は，あくまで地域住民のため，民主的な総意の下に運営されなければならない。以上，非常に筋の通った理屈である。

さて，この『ユネスコ公共図書館宣言』は，時代の変化を受けて，1972 年と 1994 年の 2 回改訂されている。当然ながら，改訂のたびに時代的な新しい視点が加えられている。ちなみに，各版は，宣言が向けられる対象が移り変わっている（表 6-2）。

1994 年版には，公共図書館サービスの核となるとして，公共図書館の使命が 12 項目掲げられている（表 6-3）。世界には国柄がさまざまあり，いまだに識字が十分行きわたっていない国もある。そういう点からすると，この使命すべてをわが国の公共図書館に適用することには多少の無理があるように見受けられる。

b．ランガナータンの「図書館学の 5 法則」

インドの図書館学者であるランガナータン（Shiyali Ramamrita Ranganathan, 1892-1972）が，1931 年に唱えた "The Five Laws of Library Science"（表 6-4）は，図書館の意義を説明するときによく用いられる[3]。ランガナータンは，マドラス大学で図書館学を教えていた。かつての宗主国イギリスに留学し，図書館学を勉強した。そして，1933 年，コロン分類法という斬新な分類法を産みだしたことでも知られている。

表 6-4 The Five Laws of Library Science

1^{st}law : Books are for use. 　　　　　本は利用のためにある
2^{nd}law : Every person his or her book. 　　　　　すべて人のために本がある
3^{rd}law : Every book its reader. 　　　　　どの本にも読者がいる
4^{th}law : Save the time of the reader 　　　　　利用者の時間を節約すべし
5^{th}law : A library is a growing organism. 　　　　　図書館は成長する有機体である

その第 5 法則に，「図書館は成長する有機体である」という有名な言葉がある。ランガナータンは，成長する有機体のみが生き残ることは一般に認められた生物学上の事実であるとし，「成長する有機体は新しい物質を取り入れ，古い物質を捨て去り，大きさを変え，新しい形を整える。変態のなかに含まれている突然の，そして明らかに不連続な変化は別として，成長する有機体はまた，生物学上の言葉で『変異』として知られているもの及び新しい型の進化につながる，ゆっくりとした持続的な変化を受ける」と述べ，施設としての図書館が成長する有機体の属性をすべ

て有しているといった[4]。要するに，図書館が，利用者の要求によって，常に形を変え，厚みを増し，成長・発展していくものなのである。この利用者の要求を汲み上げることこそが，図書館経営には不可欠の要素であり，図書館員の職責である。

利用者の要求は，リクエスト，購入希望などから端的に知ることができる。こうした要望を出しやすくする雰囲気つくりが大切である。他方で，これらは内なる要求が能動的に表明されたもので，能動的ではないものにこそ感度のよいアンテナを張っておく必要がある。まず，図書の利用率である。よく借りられる図書など，主題，形態，メディア種別を知り，類似のものを増強して利用者の選択肢を広げるよう計画する必要がある。また，汚損・破損の激しいものはよく利用されていると考えられるので，修繕を施すとともに，類似のものを選書リストに加える。こうしたことは，常日頃から書架を点検していないとなかなか把握できない。

第2節　公共図書館の成立

a．米国における展開

公共図書館は，最初から世の中にあったのではない。いくつかの段階を経て，表6-1に示されるような原則にたどり着いたのである。この原則を満たしたという意味で，最初の公共図書館といわれるのが，1948年のボストン公共図書館[5]である。なぜ，ボストンだったかということも含めて，ここでは，最初の公共図書館が成立するまでの状況を眺めてみることにする。

前章でも見たように，古代の図書館は，必ずしも，万人に開かれたものではなかった。権力をもつ者にとって，情報を独占することは民衆支配の道具となり得たし，宗教的な枠組みでがんじがらめになっていた時期もあった。社会階層によって差別することもあった。こうしたしがらみから比較的自由であったのがアメリカ新大陸である。

米国では，大学に最初の図書館が設けられた。1638年には米国最古の大学ハーバードカレッジ（Harvard College），1693年にはヴァージニアのウィリアム・アンド・メリー・カレッジ（William and Mary College）の図書館が成立した[6]。

ある軍人の個人蔵書が遺言によってボストンの町に寄贈され，人々から「パブリックライブラリ」と呼ばれた図書館があった。1658年に建設された通称「タウン・ハウス」（town house）である。この時代，個人の占有財産でない蔵書は「パブリックライブラリ」とあいまいなまま呼ばれたため[7]，現代的な意味の公共図書館とは異なると理解してよい（本書でも，カタカナで「パブリックライブラリ」と表記するときは，この意味で用いることにする）。

「アメリカ建国の父」とも称されるベンジャミン・フランクリン（Benjamin Franklin, 1706-1790）の名を知らない人はいないだろう。歴史上の"超"有名人である。しかし，この人が，図書館の歴史に深くかかわっていたことを知らない日本人は多い。

新大陸では，本の数も十分ではなく，若きフランクリンは，自らの知識欲を満たすため，1727年，ジャントークラブ（Junto club）という討論・読書・社交を目的とするクラブをつくった。

また，1731 年，25 歳のとき，フィラデルフィア図書館会社（Library Company of Philadelphia）[8]を設立した。図書館と会社が結びつくことに違和感を覚える人もいるだろうが，わかりやすくいえば，株を発行して資金を集め，これを元に蔵書を購入し，株をもっている人のみが利用できる図書館をつくったのである。すなわち，会員制図書館（subscription library）である。以降，同様の図書館会社が米国のあちらこちらの町に設立された。のちに，株をもたない多くの人々にも開放され，米国の図書館発展の礎となった。職工組合の図書館など，ある種の会員制図書館とともに，このころの図書館をソーシャルライブラリ（social library）という。栄枯盛衰はあったものの，1850 年までの間に 1085 館の存在が確認されている[9]。無料・公開の原則には必ずしもあてはまらないが，本来の意味の公共図書館の誕生を準備していたことになる。

b．英国における展開

英国は，大英博物館図書館[10]の円形閲覧室（1857 年）に象徴されるように，開架型図書館の重要性を印象づけた国でもある。公共図書館の運動としては，1850 年，世界に先駆けて，図書館法を成立させた。このときに活躍したのが，当時，大英博物館刊本部職員であったエドワード・エドワーズ（Edward Edwards, 1812-1886）である[11]。新大陸やヨーロッパのほかの国々と比し，英国にはパブリックライブラリ（現代的公共図書館の意味ではないことに注意）が少ないことを報告すると，英国議会がこれに反応し，法制定につながった。無料・公開を原則とし，貸出を保証し，かつ，公費を一部支出する（そのために課税する）権限を地方議会に認めるものであった[12]。エドワーズは，その後，自らマンチェスタ市立図書館の館長となり，英国の公共図書館運動を牽引した。彼は「英国公共図書館運動の父」と呼ばれている。以降，英国も，米国と並んで，図書館界のパイオニア的地位を担うことになった。1877 年には英国図書館協会（単に Library Association という）も設立された。

c．最初の公共図書館

米国マサチューセッツ州の州都ボストンは，米国で最も古い都市の 1 つである。独立戦争前夜，史上有名なボストン茶会事件（1773）の舞台となった地でもある。ボストンは，19 世紀アメリカの学術先進都市といってもよい。市内には，1839 年創立のボストン大学（Boston University）があり，隣接するケンブリッジ市にはハーバード大学（たびたび大学ランキング世界 1 位）がある。1865 年には，マサチューセッツ工科大学（Massachusetts Institute of Technology）も創立されている。マサチューセッツ州は公教育の無料化にいち早く取り組んだことで知られ，通信教育による高等教育が始まったのもボストンからである。

こうした土地柄において，無料・公開・公費支弁・法的根拠をもつ，公共図書館が出現するのは必然であったといえる。1848 年，マサチューセッツ州議会は，「ボストン市に公立図書館を設立し維持する権限を付与する法律」を制定した。これにより，大都市における最初の公共図書館が誕生した（実際に建物に依拠して住民に図書館サービスを始めるのは 1954 年からである）[13]。

d．第 1 回全米図書館大会

ある分野が確立し成熟したとみなすには，その分野を横断する団体が結成され，また，その機

関誌が発行されること，全国大会が開催されること，その分野の歴史が編まれること，その分野の教育方法論が講じられることなどの指標が意味をもつだろう。

　1876年，フィラデルフィアでおこなわれた独立100周年博覧会の会期中，全米から103人の図書館員が集まり"図書館員大会"が10月4日から3日間開催された。最終日に，大会の参加者が創立委員となり，米国図書館協会（American Library Association）が誕生した[14]。初代の会長には，ボストン公共図書館の館長ウィンザー（Justin Winsor, 1831-1897）が就任した。また，雑誌"Library Journal"も創刊され，デューイの十進分類法（Dewey Decimal Classification）や，レファレンスサービスの最初期の思想である"aids to readers"も発表され，1876年は，米国図書館界が飛躍的に発展した年ということができる。

　1887年には，コロンビア大学に図書館学校（library school）がつくられた。

第3節　公共図書館の発展，図書館ネットワーク，図書館協力

　地方自治体のなかに1館だけ図書館があっても，よく利用するのは，せいぜい近隣の住民だけである。図書館利用の活性化のためには，物理的な距離の問題は当初から大きな壁だった。

　筆者が調査した米国中西部のネブラスカ州では，1900年代の初頭に，トラベリングライブラリ（巻末資料5に写真を収録）を用いて効果的に図書館サービスをおこない，続く10年で，図書館の建設を倍増した[15]。住民の近くに図書を運び，読書を普及し，恒久的な建物を建てるという発想は，米国の公共図書館界で早くから実践されていた。

　次章でふれるが，わが国では，1963（昭和38）年の中小レポート以降，中小図書館と大図書館の連携協力がいわれ，図書館協力または図書館ネットワークとして実践や研究が進んだ。同一自治体内での中央館－分館－移動図書館によるネットワークを，わが国では，図書館システムと読んでいる[16]。呼び方は別にしても実体は図書館ネットワークである。

　ネットワークとは，ただ，形だけのものをいうのではない。そこに何らかのものが投入され，流れ，全体としてある目的をもって作動するものをいう。図書館協力と図書館ネットワークは，後者の目的が前者であるという関係なる。したがって，流されるものは，図書館協力の中身そのものである。また，これは，リソースシェアリング（資源共有，resource sharing）という言葉で表現されることがある。リソースシェアリングとは，図書館のもつあらゆる資源を複数の図書館で共有することをさし，図書の分担収集や，資料交換，共同目録作業，協力レファレンスや，職員の合同研修まで非常に幅が広い。公共図書館は，たった1つの館だけで，利用者へのサービスを完結することはできない。単館主義ではやっていけないのである。

設問

(1) 最初の『ユネスコ公共図書館宣言』が出された翌年に，わが国の『図書館法』が成立したが，少なからずこの宣言の影響を受けていると考えられる。そこで，「近代公共図書館の5原則」と『図書館法』の条文のどれが対応しているかを考察しなさい。

(2) ベンジャミン・フランクリンはなぜそんなに有名なのか。フランクリンの事跡を図書館で調査し，900字程度にまとめなさい。

参考文献
1. 川崎義孝『図書館の歴史　アメリカ編』（図書館員選書31）日本図書館協会，1989年
2. ジェシー・H・シェラ著，川崎良孝訳『パブリック・ライブラリーの成立』日本図書館協会，1988年

注）
1) 第2次世界大戦が終結したわずか3カ月後の1945年11月16日，ロンドンに集結した国連加盟国44カ国により，ユネスコ憲章が採択された。
2) 森耕一『公立図書館の歴史と現在』日本図書館協会，1986年，p.215。なお，森耕一は，5番目を「民主的機関」としているが，原文の As a democratic institution operated by the people for the people, を訳したものである。ただ，「住民のための」図書館はあっても，現実として「住民によって」運営される図書館は考えにくいので，「民主的」（手続きによる）「運営」とした。
3) 字義どおり訳せば，「図書館学の5法則」だが，そのニュアンスは学問としての「図書館学」とは遠い。シヴァスワミー・エイヤーの前書きにもあるが，むしろ，図書館の組織および経営に関するルールというほうが適切である。一般には，「図書館学」とせず，ただ，「図書館の5法則」としている例もある。
4) S.R. ランガナタン著，森耕一監訳『図書館学の5法則』日本図書館協会，1981年，P.305。
5) 1948年，州法にて設置が決定。1954年，サービス開始。川崎良孝解説・訳『ボストン市立図書館は，いかにしてうまれたか』日本図書館協会，1999年，p.5. および，p.109。
6) 川崎良孝『アメリカ公共図書館成立思想史』，日本図書館協会，1991年，p.5。
7) 参考文献2，p.22。
8) "The Library Company of Philadelphia," https://librarycompany.org/ （19.3.31 現在参照可）。
9) 参考文献2，p.76。
10) 1759年の博物館開館と同時に閲覧室が備えられ，当初から博物館と図書館が一体となっていた。円形閲覧室は，それからおよそ100年後の1857年に落成した。なお，博物館長は代々主任図書館員（principal librarian）と呼ばれていた。松井竜五［ほか］『達人たちの大英博物館』講談社，1996年，p.18。
11) ウィリアム・マンフォード著，藤野寛之訳『エドワード・エドワーズ―ある図書館員の肖像1812‒86』金沢文圃閣，2008年，p.9-10 および，p.269。
12) しかしながら，成立当初の『図書館法』は，土地・建物の入手，その維持管理費，備品購入，光熱費，人件費に公費を充てることはできたが，図書はもっぱら寄贈を当て込んでおり，図書の購入には使用できなかったという。前掲，森耕一『公立図書館の歴史と現在』p.49。
13) 世界初の公共図書館という栄誉を別の図書館にあてる議論はもちろんある。1810年のコネティカット州ソールズベリーのビンガム青少年図書館，1827年のマサチューセッツ州レキシントンの青少年図書館，1833年のニューハンプシャー州ピーターボロのタウンライブラリーなど。本書では，人口規模，後生に与えた影響といった観点から，ボストン公共図書館が世界初であるという説を採用している。参考文献2, p.182。
14) ALA, "History," http://www.ala.org/aboutala/history/ （19.3.31 現在参照可）。
15) Nebraska Public Library Commission, "Fourth Biennial Report," November 30, 1908, p.15。
16) たとえば，『公立図書館の任務と目標』（2004年3月改訂）（巻末資料8）の第2章の1に見られる。

7 わが国における公共図書館の成立と発展

　この章では，わが国の近代公共図書館の成立と発展の状況について，若干の歴史過程を追いながら，理解を進めることにする。わが国の公立図書館も，はじめから公共図書館ではなかった。近代的な図書館として，大きく飛躍するエポックメーキング[1]な機会が何度か訪れる。そうしたメルクマールをざっくりとらえて，公共図書館の発展過程を追ってみよう。

第1節　近代のわが国の図書館

　西欧型の近代図書館を初めて日本に紹介したのは西洋事情を著した福沢諭吉で1866（慶応2）年のことであった。文明開化を押し進める明治維新政府にとって，西欧型の近代図書館はかなりの衝撃であっ

写真7-1　書籍館（旧昌平坂学問所大成殿）

たようで，その後，特命全権大使米欧廻覧実記を書いた久米邦武や文部官僚の田中不二麿，国費留学生の目賀田種太郎などが欧米の図書館に関する報告をたて続けにおこなっている。

　1872（明治5）年，政府は書籍館の設置を認可した（写真7-1）[2]。この書籍館は，公費による運営，法律にもとづく設置，公開型といった近代図書館の条件のいくつかを満たしていたが，なお，入館料を徴収したり，必ずしも万人に開かれていたとはいえない利用規定があったり，閲覧のみで館外貸出を許していなかったりと，近代的というには不十分な観がある。基本的には，紅葉山文庫などの江戸幕府の蔵書保存を目的とするなど，古くから社会に登場していた蓄積型図書館の面を残したものであった。その後，東京図書館，そして，1897（明治30）年に帝国図書館と名称を変え，わが国の国立中央図書館の礎となるものであった。

　この官立の書籍館に刺激されて，1883（明治16）年には各県で23の公立書籍館が数えられるようになった。しかし，このころの自由民権運動の政府批判に業をにやした政府は，自由思想の抑圧，国家統制に傾き，各地の公立書籍館は1890年代にはほとんど姿を消してしまった。人々の知識に対する希求，読書に対する情熱は，それでも止むことはなく，民衆は，自分たちで出資する会員制の図書館をつくっていった。それは読書を通じた自己啓発の場であった。

　1899（明治32）年，本格的な図書館に関する法律である「図書館令」が公布された。これにより，地方自治体が独自に図書館を設置することが認められるようになった。秋田県立図書館（1899），山口県立図書館（1902）をはじめ，府県立図書館，市立図書館などの公共図書館19館，信濃教育会を代表とする各地の教育会の経営による図書館18館，私立図書館7館が，1910年代までに開館された。これらは，社会の要望する人材養成の地方レベルでの要求の表れで，その結果，はっきりと公開型の図書館であった。

わが国では，1892（明治25）年，日本文庫協会が創立され，1907（明治40）年，その機関誌の『図書館雑誌』が創刊された。翌1908年，日本図書館協会と名称が改められた。

表7-1 「書籍館」の変遷

年	
1872（明 5）年	文部省博物局，東京湯島の旧昌平坂学問所大成殿に「書籍館」開館
1874（明 7）年	内務省へ移管され，蔵書を浅草に移して「浅草文庫」と改称。
1875（明 8）年	5月，文部省，ふたたび旧昌平坂学問所に「東京書籍館」を開館
1877（明10）年	2月，西南戦争勃発による財政支出削減により閉館。5月，東京府がその後を引継ぎ「東京府書籍館」として開館
1880（明13）年	7月，再び文部省へ移管され「東京図書館」となる
1885（明18）年	東京教育博物館（国立科学博物館の前身）と合併して上野に移転。10月，開館，有料制となる
1889（明22）年	東京図書館官制公布により東京教育博物館から分離，独立
1897（明30）年	帝国図書館官制公布，「東京図書館」を「帝国図書館」と改称
1948（昭23）年	国立国会図書館が発足

日本の近代図書館の父ともいうべき人物に佐野友三郎という人がいる。前述の日本文庫協会の創立につくしたのも彼である。また，秋田県立図書館の館長となったとき，巡回文庫を始めることを計画した。この計画は1902年には実現することになった。1903年，彼は招かれて山口県立図書館長に転任し，ここでも巡回文庫を始めた。1907年には，開架制[3]を実施した。これはわが国初の試みといわれる。

1921（大正10）年には，帝国図書館のなかに文部省図書館員教習所がおかれ，司書の教育も制度的におこなわれるようになった。こうして，わが国では明治・大正を通じて，利用を中心とする近代型の図書館の基本制度がようやく出そろってきたのである。しかしながら，第2次世界大戦前の日本は，多くの歴史書が語るように，人々の基本的権利という考え方よりは，天皇を頂点として上の者が下の者の面倒を見るという意識が強く，図書館員もまたこうした意味で，庶民に本を利用させ，恩恵を施すというような官僚的な面が強かったことは否定できない。

第2節　第2次世界大戦以降のわが国の公共図書館

こうした体質が反省され，現代的な図書館となるのはやはり第2次世界大戦後の民主主義の到来を待たなければならない。戦後の占領期に，GHQにおかれたCIE（Civil Information and Education, 民間情報教育局）という組織が，日本の民主化の一助となるよう公共図書館制度を根づかせる活動をおこなった。CIE図書館をつくり民主主義国家の図書館モデルを示した。このとき強調されたのが，①開架制，②ブックモビル，③レファレンスサービスである。当時のわが国には自由に接架できる図書館はまだ少なく，書架の前に金網を張っていたほどである。必要な本を図書館員に告げると後ろから押し出してくれる（これをパチンコ方式といった）。いかにも民主主義的ではないということで，CIEは『格子なき図書館』(1950)という宣伝映画をつくったほどである。この映画には，図書を請求したあと，さんざん待たされたあげく，見たい頁が切り取られていてがっかりする男性の姿が描かれている。また，ブックモビルが登場する。自動車はもちろん，雪深い山奥の子どもたちに，図書を背に担いで人力で届ける活動などが描かれている。

1948（昭和23）年には，国立国会図書館が発足，1950年には「図書館法」が成立した。「日本国憲法－教育基本法－社会教育法－図書館法」という法体系ができあがり（第4章参照），民主主義国家を下支えする図書館の制度的な枠組みが調えられた。これを機に，わが国の図書館界は「模索の時代」に入り，西欧型近代民主主義の申し子ともいうべき公共図書館を，わが国にどう根づかせるかという課題に取り組んでいくのである。

　わが国は，第2次世界大戦の荒廃から立ち直り，1950年の朝鮮戦争を契機に奇跡の復興といわれた高度経済成長期を迎える。昭和30年代は，東京タワーも建設（1958）され，昨日よりも今日，今日よりも明日，確実に生活がよくなっていく実感があった時代といわれる。東京オリンピックの開催や新幹線の就業を4年後に控えた1960年は，敗戦15年目の節目の年で，さまざまな分野で「もはや戦後は終わった」という声が聞かれた。

　図書館界も同様の空気であった。これからは，横文字を縦文字にするような翻訳的な図書館づくりではなく，わが国固有の風土に合った図書館づくりが求められると主張された。その中心人物の一人が，当時，日本図書館協会（以下，日図協）事務局長であった有山崧である。課題であった図書館の基準づくりの前に，まずは，わが国の実状からあるべき図書館の姿を探ろうと日図協を中心に全国調査をおこなうことになった。そして，7人の若者が選ばれ[4]，全国に送り出されたのである。約3年の歳月をへて，1963（昭和38）年，その報告書が世に出た。『中小都市における公共図書館の運営』（通称＝中小レポート）である。

　この中小レポートは，当時の公共図書館界に，はかりしれない精神的な衝撃をもたらした。地方の中小都市の公共図書館に働く図書館員たちは，それまで，予算や蔵書規模，人員などの面で自分たちの図書館が及びもつかない県立図書館などの大図書館に憧れと羨望をいだき，自分たちもいつかあのような図書館らしい図書館で働いてみたいと漠然と考えていた。中小レポートは，「中小図書館こそ公共図書館の全てである」といい切り，このような発想を180度転換してしまったのである。中小レポートの主張の骨子は，表7-2の3点である[5]。

　日本国民であれば，誰でも東京千代田区永田町にある国立国会図書館を利用する権利がある。県民であれば，誰でも県立図書館を利用する権利がある。しかし，日常生活のなかで誰がわざわざ飛行機や夜行列車に乗って東京まで来るのか，また，バスに乗って長い道のりをわざわざ県庁所在地まで往復するのか。利用する権利があるということと，実際に利用できるということの間には雲泥の差があるということを示したのが①である。ここから②が導き出され，人々が必要としているのは，何時間もかけなければたどり着けない大図書館ではなく，身近な生活圏内にある市町村立図書館であることを明確に主張した。これが「中小図書館こそ公共図書館の全てである」の本旨である。

　中小図書館に働く図書館員はいかに勇気づけられたことか。ある人は，この報告書を読んだとき，鳥肌がたった，目から鱗が落ちたなどという生やさしいものではな

表7-2　中小レポートの主張の骨子

| ①日本国民＝利用者とは，地域住民＝市町村民の総称である。 |
| ②利用者は大図書館を望んでいない |
| ③大図書館は，中小図書館の後楯として必要である。 |

い，コペルニクス的転回だったといった[6]。別な人は，当時，湿式の青焼きと呼ばれる複写機で，コピーのコピーのそのまたコピーを貪るように回し読んだといった[7]。中小図書館といえども，自分たちはこれでいいのだと，図書館員としての仕事に誇りと確信がもてた瞬間だった。

しかし，この世の中に大図書館は必要ないというのは言い過ぎである。中小図書館は，蔵書規模が小さいことはいかんともしがたく，利用者すべてのニーズに応えることはできない。それを，ILL（図書館間相互貸借）を通じて，バックアップするのが都道府県立図書館の役割であると主張したのが③である。

それまで，県庁所在地の県立図書館と市立図書館は，来館者に図書を貸出すなど，規模はちがうが同じことをやっていた。中小レポート以降は，住民に直接サービスをおこなう第一線図書館として市（区）町村立図書館があり，それをサポートする第二線図書館として都道府県立図書館があるという，明確な役割分担が意識されるようになった。

ある意味で，図書館関係者の意識改革を果たした中小レポートだが，一方で，貸出券のあり方や家具調度品の配置まで具体的な取り組みを示すハンドブック的な内容をもっていた。これを実践することによって，東京都の日野市立図書館，福岡県の大牟田市立図書館，北海道の置戸町立図書館などの図書館が多大な効果をあげたことが知られている[8]。以降，わが国の図書館界は量的拡大の過程に入る（飛躍の時代）。

中小レポートの産みの親ともいうべき有山は，生まれが東京都日野村であった[9]。有山は，日図協の事務局長のかたわら，1964（昭和39）年，日野市の社会教育委員会議長を委嘱された。そして，まだ田園地帯であった日野市に図書館をつくるため，日図協からある人物を教育委員会に送り込んだ。「中小レポート」時の事務局担当であった前川恒雄である。前川は，まったく新しい発想の下，すぐさま図書館サービスを開始すべく準備に没頭した。図書館経営の一切を前川に託した有山も，1965年8月，たまたま周囲から請われて日野市長選に出馬し，みごと当選を果たした。図書館畑から市長に転身した数少ない例の1つである。

当時，日野市の人口は約6万8000人で，団地が数多くつくられ，都心に対するベッドタウンとして発展しようとしていた。前川は，建物を建てるのを後回しにして移動図書館だけを用いることにし，同年9月，万を持して図書館サービスを始めた。日野市を回るので「ひまわり号」と名づけた。翌年，破格の実績が紹介された（表7-3）。就業7カ月にして，登録者数において，同規模の自治体の約3.54倍，全国平均の3.00倍，貸出冊数において，同規模自治体の3.59倍，全国平均の3.93倍の実績をあげ，一挙に図書館界の注目を集めた[10]。

日野市立図書館の成功が私たちに教えてくれたことは，次の2点である。まず，移動図書館だけで相当な実績を上げることができたということから，利

写真7-2 ひまわり号1号車

用者に身近な生活圏内にある図書館が重要であるという「中小レポート」の主張の正しさを実証したこと（むしろ，建物内で来館者を待つという姿勢から一歩進んで，利用者の元へ本を届けるという手法が成功した）。

表7-3　日野市立図書館の実績

	日野市立図書館*	人口6万人台図書館平均	市区町村（全国）平均
登録者数（人）	4,593	1,296	1,530
貸出冊数（冊）	65,537	18,246	16,676

＊9月21日～翌3月31日までの数値
出典：日本図書館協会，『日本の図書館1966』より作成

もう1点は，「建物がなくても図書館サービスはできる」ということを館界に知らしめたことである。第1章に掲げた「図書館は施設・建物ではなくサービスである」という理念は，こうした先達らの優れた実践から導き出されたものである。結果として「中小レポート」および日野市立図書館の実践は，図書館界に大きなパラダイム転換をもたらしたということができる。

1970（昭和45）年，先の日野市立図書館の館長であった前川恒雄を中心として，『市民の図書館』が刊行された。中小レポートの不備を補い，日野市立図書館や各地の先進的な図書館の実績をふまえて，あらたな提案をおこなった。その核心は表7-4の3点である[11]。

①は，徹底した資料提供に努めること，貸出を重視することに尽きる。レファレンスサービスも貸出の基礎の上に築かれると主張された。②は，読書習慣は児童期に形成されるのであり，児童に対する図書館サービスを十分に徹底的におこなうことによって，読書層の厚みが増し，図書館利用がますます拡大していくという考え方が根底にある。③は，本館－分館－移動図書館による市内全域に張り巡らされた図書館サービス網の形成を促し，自治体内のすべての住民に図書館サービスが均霑することをめざすものであった。

さらに，図書館は税金で経営されることを強調し，図書館関係者は行政コストや効率を意識する責務があると訴えた点も特徴である。また，資料費を増大させることの意義を説き，そのために，統計や数式を用いた科学的手法をとる必要性を主張した。とくに，蔵書の新鮮さを保つために，蔵書回転率という考え方を導入し，図書の耐用年数と回転率からあるべき年間受入冊数を計算によって導き出すことを示した。

わが国の図書館界は，この『市民の図書館』を手本とする図書館づくりに方向性を定めた。分館の整備が進み，児童サービスにも力が入れられ，質・量併せて飛躍的な発展が見られるようになった。以降，わが国の図書館界は質的な展開期（展開の時代）に入る。

『市民の図書館』は刊行されてから半世紀が過ぎようとしているが，いまだにこれをバイブルのように信奉する人は多い。1970年代のわが国において，図書館づくりの方法論として最適であったことはまちがいない。第2章で，図書館の機能を教育機能と情報提供機能に分け，この2つはどちらも本質的な重要な図書館の機能であるにも関わらず，互いに相容れず，せめぎ合い，時代の思潮によって，人々の拠って立つ基盤によって揺れ動くこ

表7-4　『市民の図書館』で提示された公共図書館の課題

①市民の求める図書を自由気軽に貸出すこと
②児童の読書要求にこたえ，徹底して児童にサービスすること
③あらゆる人々に図書を貸出し，図書館を市民の身近に置くために，全域へサービス網をはりめぐらすこと

7 わが国における公共図書館の成立と発展　49

とを示した。この点でいうと,「中小レポート」や『市民の図書館』は,それまでのわが国の図書館が教育機能に傾いていたことを批判し[12],貸出を徹底して重視したのであり,情報提供機能をきわめて重くみる図書館モデルを示したということができる。その結果,「貸出がよければよい図書館」という,行き過ぎた認識を与えることにもなった。時代や環境や諸条件が変われば,『市民の図書館』もまた反論され,反駁され,新しいモデルの提示がおこなわれていくのが当然であり,それがあってこそ,図書館界において健全性が保たれているという証となる。

設問

(1) 中小レポート,および,日野市立図書館の実践の意義をふまえ,図書館界のパラダイム転換とはどういうことであったか,900字以内でまとめなさい。
(2) 参考文献2（どの図書館にも必ず所蔵されいるはず）を読み,当時の社会状況と,現代の社会状況の最も大きなちがいを指摘しなさい。

参考文献
1. 日本図書館協会『中小都市における公共図書館の運営—中小公共図書館運営基準委員会報告』日本図書館協会,1963年
2. 日本図書館協会『市民の図書館』1970年
3. 小川徹［ほか］著『公共図書館サービス・運動の歴史2　戦後の出発から現代まで』(JLA図書館実践シリーズ5),2006年

注)
1) epoch-making。その出現の以前と以後とで社会的に大きなちがいが生ずるような有意義な出来事。「画期的」という意味を考えると理解しやすい。そうした出来事をメルクマール（独語 merkmal. 目印,記号,標識の意味）としてざっくりととらえると歴史がわかりやすくなる。
2) 写真の出典：http://meiji.sakanouenokumo.jp/blog/archives/2007/04/post_479.html より。
3) 現在の公共図書館に一般に見られるような書架の間を自由に歩いて本を探せるようにした制度。それまでは閉架制といい,本を利用者の目にふれさせず,出納係を通してのみしか閲覧できなかった。
4) 1960（昭和35）年10月14日設置の中小公共図書館運営基準委員会。日本図書館協会の前川恒雄が事務局を担当した。清水正三『図書館を生きる－若い図書館員のために』日本図書館協会,1995年,p.181。
5) 参考文献1, p.23。
6) 筆者が聞いた元福岡県大牟田市立図書館の館長経験者の証言。
7) 筆者が聞いた元熊本県立大学附属図書館員の証言。
8) 図書館問題研究会編『図書館用語辞典』角川書店,1982年。
9) 有山崧の父は,昭和元年から20年間日野町長を務めた。祖父も町長であった。有山崧著,前川恒雄編,『有山崧』（個人別図書館論選集）,日本図書館協会,1990年,p.221。なお,市制が施行され,日野市となったのは,「中小レポート」の年,1963（昭和38）年からである。
10) この年は,移動図書館のみによる貸出がおこなわれただけで,なお,就業は9月からである。そこで,就業7カ月を単純に12カ月に換算し直した場合,年間貸出冊数は11万2349冊となり,貸出密度は1.65冊,実質貸出密度は24.46となる。ちなみに,現在（2017年度）の日野市立図書館の貸出密度は8.79冊,実質貸出密度は44.32冊である。
11) 参考文献2, pp.34-35。
12) たとえば,前川は,「日本の図書館は教育し,与える図書館であり,イギリスの図書館は奉仕し使われる図書館であった。（略）図書館員が良書と考える本を与えるところではない」といった発言をしている。前川恒雄,『移動図書館ひまわり号』筑摩書房,1988年,p.24。

8 わが国における公共図書館政策の展開

　前章で述べたように1970年代のわが国は，『市民の図書館』で示されたモデルを元にたくさんの図書館がつくられた。80年代以降は，床面積が5000m²以上の大きな図書館がつくられるようになった。図書館建設は順調で，図書館数は右肩上がりに伸びていった。一方，70年代の終わりから80年代にかけてマイコンやパソコンがブームとなり，ビジネス用高機能パソコンも出現した。こうしたテクノロジーは1つの圧力をもって図書館の現場を変えていくことになる。

第1節　押し寄せるテクノロジーの圧力

表8-1　書誌データの例
書名，書名関連事項，責任表示，版，出版地，出版者，出版年，頁数，大きさ，付属資料，シリーズ名，シリーズ番号，標準番号‥‥

a．コンピュータの利用と図書館

　コンピュータはその出現以来，図書館に大きな影響を与えてきた。この影響は，当初，図書館の業務レベルではじまった。コンピュータによる貸出・返却処理である。わが国の公共図書館で，貸出返却業務に最も早くコンピュータを取り入れたのは，1976（昭和51）年の小平市立図書館といわれている[1]。

　コンピュータを用いて本格的な蔵書管理をおこなうためには，蔵書データベース（Database，以下DB）の構築が不可欠である。このため，図書の書名や著者名といった書誌データ（表8-1）をコンピュータの読めるかたちで蓄積する必要がある。これに加え，書名の読み，著者名の読みのほか，件名や分類記号なども併せたものをMARC（機械可読目録，Machine Readable Catalog）レコードという。カタカナでマークといえばMARCレコードをさすようになった。MARCレコードは各館ごとの電子目録（目録DB）を編成するのに必要な目録データの元である。こうして，本に貼られたバーコードラベルやICタグ[2]などから得られる図書IDをもとに電子目録を瞬時に検索し，貸出返却処理や予約の確認，除籍などの作業をおこなう（詳しくは第2巻『図書館情報技術論』）。

b．書誌ユーティリティーと図書館

　1つの図書館で作成した目録データは他館でも利用できる。このための協力体制が築ければ，図書館界全体として，データ作成作業が軽減される。共同目録作業（とくにその1つとしての分担目録作業）を世界で初めて進めたのが，1967年に始まるOCLC（On-line Computer Library Center）[3]である。OCLCのような，それ自身は図書館ではないが，ほかの図書館の書誌活動を支援する公益機関を書誌ユーティリティーという[4]。日本では，1986（昭和61）年，学術情報センター（NACSIS, NAtional Center for Science Information Systems）が書誌ユーティリティーとして出発した[5]。

　ただ，発足当初のNACSISは大学共同利用機関という位置づけであったため，国立大学間で

分担目録作業がおこなわれ，その後，私立大学，県立図書館クラスの公共図書館へと対象を広げたが，市町村立図書館は対象外であった。公共図書館に関しては有用な書誌ユーティリティーは形成されなかったのである。では，公共図書館はどうやって電子目録をつくったのであろうか。

c．MARCと公共図書館

わが国では，洋書はもちろん，韓国語や中国語などの書物も輸入して研究などに用いている。図書は国を超えて流通するのだから，マークも国際的な共通の指針にもとづいてつくろうという気運になった。わが国を代表するJAPAN/MARCが国立国会図書館で製作され，1981（昭和56）年から頒布がはじまった。国の予算（元は税金）で作成したにもかかわらず，このJAPAN/MARCは，受益者負担という理屈の下に，日図協を通じて一般に販売されることになった[6]。こうして，図書のデータが"売れる"ことを知った民間企業がそれぞれマークをつくり，公共図書館に納入するようになった。わが国で，何種類かのマークが林立した理由である[7]。

d．電子情報資源と図書館の対応

NIIにおかれている総合目録情報DBはいわゆる書誌情報と所在情報を提供するもので，書物の案内はするけれども，書物の内容そのものではない。一方で，時代は，書物の内容までをも電子化し流布することを求めるようになった。書架から光ディスクを取り出しディスプレーを通して閲覧したり，インターネットから，直接，学術論文をダウンロードしたりというように，読書や調査研究のあり方も多様化していった。コンピュータの発明によって書物の歴史に新しいページが書き加えられたのである。電子書物あるいは電子書籍の誕生である。これらも人間の知情意の出力物であることにちがいはないから，図書館で扱われるのが当然である。

一般に電子資料は，1970年代末から80年代初頭にかけて，パソコンやマイコンがブームとなり，それらの趣味の雑誌が創刊されたころ，雑誌の「付録」として図書館に入ってきた。図書館では付録はビニールケースなどに入れて貸出すこともあった。そのうち，図書とCD-ROMを一体として扱うものも出現した（目録規則でいう「付属資料」）。それでも，家に借りて帰ってもらえばそれで済んだ。ところが，CD-ROMでしか制作しない完全な電子資料が現れた。その典型が，図書館に必備のレファレンスツールといわれた『国立国会図書館雑誌記事索引』である。1995年以降，紙による頒布が停止されCD-ROMだけになった[8]。ここにいたって，図書館では，好むと好まざるとにかかわらず，パソコンブースを館内に設置せざるをえなくなった。

さらに，人々は，オンラインDBやホームページといったネットワーク情報資源（第3章）の利用も求めはじめた。現在，インターネットを導入しない図書館は考えられない。

e．インターネットと電子図書館

インターネットは1995年ごろから急激に大衆化した。電子資料など，パッケージによって蓄積・移送される情報と，通信回線などを通って直接やってくる情報とは，コンピュータにとってちがいはまったくない。人間にとっても，操作上はともかく利用上の効果にちがいはない。

インターネット上に貴重な情報が散在していることは早くから知られていた。これは，太古，粘土板やパピルスがあちらこちらに散在していた状況に似ている。人類はこれを1箇所に集めて

古代の図書館をつくったように，サイバースペース上にまたゼロから図書館をつくろうとしたのである。書物の内容を電子化してサーバーに蓄積すれば，ネット上のどこからでも閲覧することができる。電子図書館の可能性は初めから見えていた。

1991（平成3）年，日本にもこれを推進しようとする電子ライブラリコンソーシアムという団体ができた。1994（平成6）年，関西の電子図書館研究会がアリアドネという電子図書館システムのプロトタイプを発表して一世を風靡した。1995（平成7）年，国立国会図書館が「パイロット電子図書館実証実験」を開始し，1998（平成10）年には「国立国会図書館電子図書館構想」を策定した。1997（平成9）年，先の学術情報センターは，学術雑誌の論文を電子的に提供する電子図書館サービスを開始した（2012年3月31日にサービス終了）。

公共図書館界でも電子図書館の必要性に言及され，1999（平成11）年，文部省は「地域電子図書館構想検討協力者会議」を組織し，国策としての電子図書館のあり方の検討を始めた。公共図書館は，既存の情報資源を収集し利用者に再配分するだけではなく，自ら情報を制作し利用者に提供する発信型図書館の機能を獲得していくことが重要とされた。ハイブリッド図書館である。

第2節　わが国の図書館政策の進展

「図書館法」（以下，『法』）は2008（平成20）年6月に大きな改正がなされた。『法』は，ほかの法令改正を受けて度々修正がおこなわれるが，図書館政策にかかわるものだけをとりあげると，『法』の歴史は一貫して規制緩和であったといわれる。法改正にいたらないものについては，文部（科学）省令や，通達のような形式で地方へおろす。また，ときどきに，審議会を組織し，その答申を地方に示すことにより，図書館行政をおこなってきた。地方では，行政執行機関としての教育委員会が具体的な施策を実施する。

a．数値基準の問題

さて，1950年の『法』の成立により，図書館つくりが各地方公共団体に任されたが，おざなりなつくられ方をしても図書館利用は活発にならない。たとえば，床面積，住民1人当たりの蔵書冊数や年間受入冊数，住民当たりの司書の数といった数値を示し，これを下回ってはならないとする最低基準と，このくらいはあった方がよいとする望ましい基準とがある。現在は削除されている『法』の旧18条は，後者を示すことを文部大臣の責務とし，旧19条において，国庫補助金と引き替えに最低基準を守らせるという，二方向からの図書館振興作戦をとっていた。

この18条をめぐって，1967（昭和42）年，『法』制定17年目にして，社会教育審議会が『公立図書館の設置および運営に関する基準案』を作成したが，公示にいたらなかった。1972（昭和47）年にも作成したが同様に告示されなかった[9]。1992（平成4）年，生涯学習審議会が報告をまとめたが，文部大臣告示ではなく，生涯学習局長通知という形で都道府県教育委員会に送付されるにとどまった。このころ，わが国では，地方分権の声が次第に大きくなってきた（第4章）。1999（平成11）年7月，国および都道府県・市町村との関係を規定する基本法である「地方自治

法」の改正と,それに伴い整合性を確保することが求められる関連する法律全般を,2000年4月1日を目途に一挙に改正することを規定した「地方分権の推進を図るための関係法律の整備等に関する法律」(平成17年7月16日法律第87号,略称「地方分権一括法」)が成立した[10]。これにより,『法』第19条も廃止され,図書館をめぐる規制がさらに緩和された[11]。

2001(平成13)年,『法』制定51年目にして『公立図書館の設置及び運営上の望ましい基準』(文部科学省告示第132号)が告示された。規制緩和の現れとして,国は具体的な数値目標を示すことを放棄し,数値目標の設定は各地方公共団体に委ねることになった。この間,日本図書館協会は「Lプラン21」[12]を発表,この数値目標の欠落を補う役割を果たした(表8-2)。

2008(平成20)年6月の『法』改正により,新たに第7条の2を新設,「文部科学大臣は,図書館の健全な発達を図るために,図書館の設置及び運営上望ましい基準を定め,これを公表するものとする」と規定し,先の『望ましい基準』に法的根拠を与えた。

表8-2　Lプラン21で示された数値目標例

［蔵書冊数］
人口6,500人未満→53,067冊を最低とし,
　17,900人までは,1人につき3.5冊,
　49,800人までは,1人につき3.8冊,
140,800人までは,1人につき3.7冊,
403,700人までは,1人につき0.85冊を加算する

2012(平成24)年,待望の『図書館の設置及び運営上の望ましい基準』(平成24年12月19日文部科学省告示第172号)が出された(巻末資料6)。公立図書館の設置にあたっては,「サービス対象地域の人口分布と人口構成,面積,地形,交通網等を勘案して,適切な位置及び必要な図書館施設の床面積,蔵書収蔵能力,職員数等を確保するよう努めるものとする」(第一　総則　二　設置の基本　3　)とあるように,より一層,地域の実情を考慮するよう求めている。

b．知識基盤社会への対応

「地方分権一括法」が成立する直前の2月,文部省は,先の地域電子図書館構想検討協力者会議を組織した。前年の生涯学習審議会答申『社会の変化に対応した今後の社会教育行政の在り方について』を受けてのものだった。同答申に,「今後は,いつでもどこでも学習者のリクエストに応じた学習ができるシステムや,(略)遠隔学習の実施,さらには図書館,博物館等の有する学習素材をマルチメディアデータベース化して他の社会教育施設や学校等において活用できるようにする」[13]とあるように,地域電子図書館は,学校教育や生涯学習に役立つ学習情報を提供するツールとして構想されたのである。

およそ2カ年の討議の末,2000(平成12)年12月,『2005年の図書館像～地域電子図書館の実現に向けて』(以下,『像』)という報告書が出され,全国の公共図書館に配布された。この文書の特徴は,これまでの堅苦しい報告書とちがって,学識経験者らが合理的に予見した公共図書館の近未来像を描いたことである。Fさん一家が,5年後の公共図書館で受けられる理想のサービスをイメージとして提示し,その図書館つくりに賛同する地方公共団体に,実現までの道筋を示すというものであった。ここに提示された地域の情報拠点,ハイブリッド図書館,学習の場,研修の重要性などは,その後の国主導の施策に受け継がれている。

この文書の歴史的意義は,かつて,日野市立図書館が移動図書館だけでサービスを開始し,建

物がなくても図書館サービスができることを示したように，物としての実体のない電子でも図書館サービスができることを示したことにある。もう1つの意義は，「地方分権一括法」の施行に際し，これまで国から県，県から市町村におこなってきた「関与」のあり方を戒め，新しい行政手法をとった最初の例となったことである。すなわち，これまでの上意下達的な手法を改め，理想のイメージを提示することにより各地方公共団体の自主的判断の下に実行を促すという手法である。この手法は，後継の『これからの図書館像』（参考文献2）でも用いられている。

さらに，『像』の意義は，前章で述べたように，インターネット社会の進展をにらみ，情報提供機能を最重要視する行き過ぎを改め，教育機能を再評価する試みを取り込んだことである。たとえば，生涯学習やe-learningの場としての公共図書館というイメージである。

『像』と同年同月，民間の団体「ビジネス支援図書館推進協議会」が立ち上げられた。そして，図書館を文教施設というイメージから解き放ち，「村おこし」「町づくり」に役立つ経済・経営資源であるという新たな認識の枠組みを示した。

2006（平成18）年，これからの図書館像検討協力者会議は，『これからの図書館像』を出し，公共図書館が取り組むべき課題を詳細に提示した。

c．図書館評価

従来，図書館活動が活発かどうかを自治体ごとに比べる指標がいくつか用いられてきた。たとえば，図書館設置率である。市のレベルでは100％に近くなっていたのに比し，町村の設置率の向上が課題であった。ところが，平成の市町村大合併以降，この指標では実体に則さないと考えられ，新しく可住地面積当たりの図書館設置率という考え方が導入された。これは，河川や湖沼，山林，田畑，工場敷地のような人の住めない区域を除いた土地に，図書館をどのくらい建てているかという割合である。現在，1中学校区あたりに1つの図書館が理想とされている[14]。

2008（平成20）年の『図書館法』改正で，第7条の3と第7条の4が新設された。各図書館は，運営の状況について評価をおこない，それに基づき，必要な措置を講ずるよう，また，運営の状況に関する情報を積極的に提供するよう，努めなければならないとされた。

最近の図書館の評価方法では，指標をさらに詳しく区分けし，入力（インプット），出力（アウトプット），出力の効果（アウトカム）で評価することが求められるようになった[15]。たとえば，従来からある延床面積，年間受入冊数，人口当たりの職員数などはインプット指標である。また，年間貸出冊数，レファレンス回答件数などはアウトプット指標である。アウトカム指標としては，利用者の満足度などがあげられる。

これからの図書館関係者は，以上のように洗練された指標や統計の技法に習熟し，図書館活動の盛んなことを，社会の人々（利用者や行政担当者）にわかりやすく示していく必要がある。

設問

(1) 参考文献1を読み，この文書の特徴を述べなさい。

(2) Lプラン21の数値目標をもとに，自分の住んでいる町の公共図書館を検証しなさい。

参考文献
1. 文部省：地域電子図書館構想検討協力者会議『2005年の図書館像～地域電子図書館の実現に向けて～（報告）』平成12年12月。http://www.mext.go.jp/b_menu/shingi/chousa/shougai/005/toushin/001260.htm（'19.3.31現在参照可）
2. 文部科学省：これからの図書館の在り方検討協力者会議『これからの図書館像～地域を支える情報拠点をめざして～（報告）』http://www.mext.go.jp/a_menu/shougai/tosho/giron/05080301/001/002.htm（'19.3.31現在参照可）

注）
1) 坂本徹朗『図書館とコンピュータ』第2版，日本図書館協会，1985年，p.77 および，小平市立図書館「小平市立図書館の30年」http://library.kodaira.ed.jp/report/30years/1976.htm（'18.8.31現在参照可）。
2) 図書の見返しの内側に貼り付けられるよう非常に薄くできたアンテナとICチップ。ICタグリーダーの電波の届く範囲内におかれると，自然に電流が流れ，記録された図書番号その他のデータが転送される。
3) OCLCは，1967年，米国オハイオ州内の大学が集まって始まった。そのため，当初，Ohio College Library Centerといった。オハイオ州外の図書館の参加も認められるようになったとき，現在の名称となった。
4) 書誌ユーティリティーがめざしたものは目録作業の軽減だけではない。共同目録作業の途上で生成される総合目録である。ある本の所蔵館がわかればILLにより利用者に提供できる。業務レベルから利用者レベルに恩恵を広げる優れたシステムとなる。
5) 2000（平成12）年，国立情報学研究所（NII, National Institute of Informatics）と名称を変えた。
6) 『国立国会図書館法』第21条第1項第3号に，「国立国会図書館で作成した出版物を他の図書館及び個人が，購入しようとする際には，館長の定める価格でこれを売り渡す。」とあり，これに準ずれば，有償で販売すること自体は違法ではない。しかし，館長の裁量によりいかようにもできたはずである。先見の明がなかったといわざるを得ない。これは，米国議会図書館のLC-MARCが無償で配布されたのと好対照をなす。2011（平成23）年，この国立国会図書館が作成する書誌データを，2012年から無償で配布することが決定された。
7) 商用マーク，または，民間マークといい，主要なものとして，日本書籍販売のNippan MARC，図書館流通センターのTRC MARC，大阪屋の大阪屋マークがある。
8) 国立国会図書館の『雑誌記事索引』は，紙媒体で人文社会編，自然科学編，医学薬学編がつくられ頒布されていた。現在，現在，「国立国会図書館オンライン」に統合され，インターネットで誰でも自由に検索できる。
9) このとき，たとえば，市立図書館の年間貸出冊数を人口の2倍，登録率を15％などとした（『最新図書館用語大辞典』柏書房）。
10) これによって改正された法律は475本にわたった。これはわが国の現行法律の約3割に及び，これだけの数の法律が一挙に改正されたのは歴史始まって以来のことといわれた。
11) 今でも議論の絶えない図書館長の司書資格条件の撤廃（第13条第3項の削除），図書館協議会委員の構成に関する弾力的な運用（第15条第1項），および教育長にかかる同委員の委嘱手続きを廃止（第16条第2項），国から補助金を受けるための公立図書館の設置および運営上の最低基準を文部省令で定めることを規定した第19条，および，国からの補助金を受ける条件を規定した第21条を削除した。
12) 日本図書館協会町村図書館活動推進委員会『21世紀の町村図書館振興をめざす政策提言　Lプラン21「図書館による町村ルネサンス」』2000年10月26日，p.4。
13) 生涯学習審議会，『社会の変化に対応した今後の社会教育行政の在り方について（答申）』，1998年10月，「第3章社会教育行政の今後の展開　第4節学習支援サービスの多様化　3　マルチメディアの活用」http://www.mext.go.jp/b_menu/shingi/12/shougai/toushin/980901.htm#01（2011年3月31日現在参照可）。
14) 日本図書館協会，『豊かな文字・活字文化の享受と環境整備　図書館からの政策提言』，2006年，p.3。
15) 図書館評価の仕方を国際的に統一しようという気運が高まり，国際標準化機構（ISO）によって，1998年，ISO11620=Library Performance Indicators（図書館パフォーマンス指標）が制定された。わが国では，これを受けてJIS X0812とした。また，図書館統計の国際規格は，ISO2789=International library statisticsであり，わが国ではJISX0814「図書館統計」にあたる。本シリーズ第5巻『図書館制度・経営論』を参照。

9 図書館の種類と利用者（1）

　図書館は入力と出力を伴うシステムとしてとらえられることはすでに述べた。ただ，すべての図書館が同じものを入力して同じものを出力するとは考えられない。この章では，今まで漠然と扱ってきた図書館を区分けしてみる。社会制度，機能，役割，用途，形態に応じたいい方がある。

第1節　図書館の種類

　以下，区分けの観点別に整理するが，たとえば，公共図書館は，廃棄型図書館であり，貸出図書館である，というように観点は交叉することに注意。

表9-1　5館種

| 国立図書館（national library） |
| 公共図書館（public library） |
| 大学図書館（academic library） |
| 学校図書館（school library） |
| 専門図書館（special library） |

a．社会制度上の区分け

　最も一般的な区分け（表9-1）。「5館種」といわれる。次節以降，奉仕目的，奉仕対象，法的根拠，特徴に絞って整理する。

b．機能による区分け

廃棄型図書館（discarding library）：常に新鮮な新しい蔵書をおくことを念頭に運営される図書館。公共図書館では，蔵書の50%が5年以内に刊行された図書で占められることが望ましいとされた。古い図書は適切に廃棄されることが望ましい。

蓄積型図書館（accumulating library）：基本的に，不明や紛失以外は廃棄を考えない図書館。蔵書は増加の一途をたどるので，書庫などの保管施設の収容能力が問題となる。

c．役割による区分け

保存図書館（conservation library）：大きくいえば人類の知識遺産を保存する役割を担った図書館。歴史上古く出現した図書館は，皆，保存図書館の面をもつ。古い図書でも，研究者によっては貴重な資料になることがある。図書は利用がさかんになれば，汚損・破損も増えるため，利用と保存は相反する現実をもたらす。

寄託図書館（deposit library）：保存図書館の内に入るが，図書館が手狭であるなどの理由で，別な場所に保管だけを依頼された図書館。

貸出図書館（lending library, circulation library）：相反する利用と保存だが，貸出図書館は利用に力点をおく。一般書や教養書，小説など，よく利用されると思われる図書が中心となる。

参考図書館（reference library）：調査研究の支援を目的とする図書館。

d．用途による区分け

研究図書館（research library）：研究を目的とした利用者のための図書館。大学図書館は，専門課程以上の利用者のために，研究図書館としての内実を備えなければならない。

学習図書館（learners' library）：学習を目的とした利用者のための図書館。大学図書館でも，新

入生，教養課程レベルの学生を対象とする図書館。学習施設としての位置づけが高いため，学習のための機器・備品と，基本的な事典・辞典類などを揃えておく必要がある。

teaching library："教える"ことに力点をおいた図書館。学習図書館とはこの点で異なる。OPAC の使い方，文献の探し方，レポートの書き方から，研究の仕方などまで，何でも教える。学生だけでなく教授陣に対しても，CD-ROM の焼き方，e-learning ソフトの使い方まで"教える"ことに徹する。図書館の教育機能が最も発揮される図書館。

e．収集内容による区分け

学術図書館（academic library）：学術的な蔵書が中心。英語では，大学図書館と区別がない場合があるが，学会や研究機関などにも附置される。

通俗図書館（popular library）：歴史的な用語で，今は，あまり使わない（詳しくは，本シリーズ第 10 巻『図書・図書館史』）。通俗書を中心に収蔵していた。

音楽図書館（music library）：レコード，CD などの音源のほか，とくに，楽譜（music score）が多いのが特徴。独自な分類体系を採用している例が多い。

病院図書館（hospital library）：病院に附置されるため，高度な医学書が多いが，一方で，患者のレクリエーションに資する資料，闘病記なども収集する。

点字図書館（braille library）：点字資料を収集するほか，自ら製作する。最近は，マルチメディア DAISY（Digital Accessible Information SYstem）図書が注目されている。

仏教図書館（Buddhism library, Buddhist library）：経典類など，仏教関係の資料を収集する。

児童図書館（children's library）：児童書が中心。資料の収集・保存・提供だけでなく，読み聞かせやブックトークなど，児童の読書活動の育成に資するさまざまな活動がおこなわれる。

f．形態による区分け

物理的図書館（physical library）：電子図書館に対して，従来の図書館をさすときに用いる表現。わが国では，あえて「紙の図書館」ということもある。

電子図書館（electronic library, paperless library）：図書館の中心的機能が電子化しているものをさし，提供される資料は電子ばかりではなく，紙媒体の資料も含む。まったく紙の資料をもたないものをデジタル図書館（digital library），物理的図書館のありさまをそのまま仮想的に実現したものを仮想図書館（virtual library）と分けることもある。

ハイブリッド図書館（hybrid library）：物理的図書館と電子図書館の双方を混合しているもの。21 世紀以降，最も現実的な図書館。

移動図書館（book mobile, mobile library）：自動車図書館，巡回図書館（revolving library），トラベリングライブラリ（traveling library：巻末資料 5），船の図書館（shipping library），列車図書館など。

第 2 節　国立図書館

国立図書館の存在理由を一言でいえば，「その国の文化・学術を網羅的に収集・保存し，次の

世代に繋げる」ということである[1]。この目的のために経費を支出すべき主体は「国」である。わが国では，国立国会図書館を独立行政法人化しようなどという議論があったが，この目的に照らせばナンセンスである。

a．世界の国立図書館

　上の目的を達するため，どの国にも，少なくとも1館以上の国立図書館がおかれている。

アメリカ：議会図書館（LC, Library of Congress）は，蔵書数，予算，職員数など，どれをとっても世界最大の図書館である。ワシントンD.C.にあり，3つの建物からなっている。現在，総資料点数1億6700万点，目録上の蔵書冊数3900万冊（2017年9月現在）である[2]。

イギリス：英国図書館（BL, British Library）は，大英博物館図書館を核として，1972年，いくつかの国立図書館を統合して英国図書館とした。現在，総資料点数1億5000万点（2018），雑誌タイトル26万点である[3]。

ロシア：ロシア国立図書館（RSL, Russian State Library）は，かつてレーニン図書館といわれたが，ソ連崩壊後，現在の名称となる。総資料点数4600万点（2018）である[4]。

中華人民共和国：中国国家図書館（NLC, National Library of China）。蔵書規模は，3500万巻（2018）[5]で，世界第3位，かつ，アジアで最大の図書館である。

b．わが国の国立図書館

　わが国の国立図書館は，国立国会図書館（NDL, National Diet Library）である。蔵書規模は2017年度末で図書1115万4403冊である[6]。

奉仕目的：わが国の学術・文化を保存し次世代へつなげる[7]。

法的根拠：「国立国会図書館法」（1948）（以下，『法』：巻末資料7）

奉仕対象：奉仕対象の第1は国会議員である。国会議員は，法案の作成（議員立法），法律の審議，採決，質疑応答などに従事する。こうした仕事には，本来，膨大な事前調査が必要なため，奉仕対象の第1にあげられている。第2は，各行政省庁および司法部門の職員に対する奉仕で，いわゆる国家公務員が仕事を進める上で必要な資料や情報を提供する。第3がようやく国民である（『法』第2条）。国民は，要するに，"二の次"である。

特　徴：中央館，関西館，国際子ども図書館が主要な建物。国際子ども図書館は，2002（平成14）年5月，旧上野帝国図書館の建物を改装し，アジアにおける児童書研究の中心になることをめざして全面開館した。関西館は，同年10月，収蔵スペースの長期的な確保，および，高度情報通信社会に対応した図書館サービスの提供を目的に開館した。

　主要3館に加え，文部科学省図書館，経済産業省図書館など，各行政省庁および司法部門の図書館はすべて支部図書館の位置づけにある[8]。これは世界でも珍しい組織構成といえる。満18歳以上という年齢制限があるのも特徴的である（国際子ども図書館はこの限りではない）。

　また，わが国で出版された図書は，『法』によって，国立国会図書館へ納入することになっている。これを法定納本制度という。2000（平成12）年にはCD-ROMなどの電子出版物も収集対象に加えられた。2019年（平成31）年4月より，NDL書誌データがオープン化された。

写真9-1　国立国会図書館関西館

写真9-2　国際子ども図書館

　国を代表する電子図書館機能も追求されている。1994年のパイロット電子図書館プロジェクト事業への参加を皮切りに研究・実験を進め，明治期の出版物を電子的に提供する「近代デジタルライブラリー」[9]，ウェブ情報を保存する「インターネット資料収集保存事業」（WARP, Web ARchiving Project），江戸期以前の貴重書などを提供する「国立国会図書館デジタルコレクション」（http://dl.ndl.go.jp/）[10] などの電子図書館サービスを推進している。

第3節　公共図書館

a．館種としての公共図書館

奉仕目的：「図書，記録その他必要な資料を収集し，整理し，保有して，一般公衆の利用に供し，その教養，調査研究，レクリエーション等に資することを目的」とし，「もって国民の教育と文化の発展に寄与する」（「図書館法」第2条および第1条）。

法的根拠：『図書館法』（1950）（以下，『法』）および各地方公共団体の定める条例。

奉仕対象：地域住民＝市町村民＝日本国民。すべての住民に分け隔てなく図書館サービスをする。このことを，短い標語で「みんなの図書館」という。これは，利用者を一切差別・区別をしないことをいい表すもので，公共図書館サービスの無限定性を表現したものである。

特　徴：まず，『法』の原則をいえば，公共図書館の根本を規定する法であると同時に，公共図書館に対する奨励の法である。各自治体に図書館の設置を義務づけていないため，各地方公共団体においては，条例を制定して図書館を設置する（『法』第10条）。巻末資料集に，日野市立図書館の例を掲げる（巻末資料9）。

　『法』の規定は公共図書館に適用されるものであり，学校図書館や大学図書館は対象外である。公共図書館には，数の上で最も多い地方公共団体が設置する公立図書館と，日本赤十字社または一般社団法人または一般財団法人が設置する私立図書館とがある（第2条第2項）。2018（平成30）年の日図協の調査では，公立図書館3277館，私立図書館19館である[11]。

　すでに述べたとおり，公共図書館は「社会教育法」によって社会教育機関であることが法定されている。したがって，公共図書館の任務は，本来，社会教育を担うことである。では，「社

会教育」とは何か。社会教育法では,「学校教育法（昭和22年法律第26号）又は就学前の子どもに関する教育, 保育等の総合的な提供の推進に関する法律（平成18年法律第77号）にもとづき, 学校の教育課程として行われる教育活動を除き, 主として青少年及び成人に対して行われる組織的な教育活動（体育及びレクリエーションの活動を含む。）をいう」（第2条）とある。成人（社会人）に対する教育だけでないことに注意。公民館や青年の家, 放課後の学校, そのほか野外でおこなわれる, 子どもたちを対象にした学校の教育課程や保育施設などでおこなわれる保育以外のすべての教育活動は社会教育である。

b．公共図書館の任務

次に,『法』第3条に規定された, 公共図書館の具体的業務を掲げる（表9-2）。これらに加えて, 土地の事情をよく研究し, 一般公衆の希望を汲み取り, 学校教育を援助し, 家庭教育の向上に資するように留意することが求められている（同じく第3条）。

表中の8（『法』第3条第1項第8号）は, 2008（平成20）年の『法』改正で, 新たに加わったものである。例をあげて説明すると, ある人（Aさん）は, 公民館が主宰する社会教育講座で手芸を習った。かなり上達したので, 友だちに教えてあげていた。そのうち, 教わりたいという人が増えてきたので, Aさんは, 図書館に働きかけ, 公開講座のプログラムに入れてもらい, 講師を務めた。図書館はこうした活動の機会を提供し奨励するということである。

同じく, 2008年の改正で第7条の3と第7条の4を追加した。図書館評価をおこない, それにもとづいて業務改善をおこなうこと, および, 図書館の運営状況を地域住民そのほかの関係者に積極的に情報開示することを努力義務とした。

一方, 日本図書館協会が1989（平成元）年に, 作成した『公立図書館の任務と目標』には, 公共図書館（公立図書館）の任務が詳細に示されている。この文書は, 必要な業務をおこない多様なサービスを住民に提供しようという自らの職責への提案と, たとえば,「図書館を設置する自治体は, 司書（司書補）を専門職種として制度化すべきである（87項）」のように, 地方公共団体, あるいは, 国への提言という2つの性格をもっている。『法』が明確にできなかった, 都道府県

表9-2 「図書館法」第3条に規定された公共図書館の任務（表現をわかりやすく改めた。法律の原文は巻末資料1）

1. （電磁的記録を含む）図書, 記録, 視聴覚教育資料その他必要な資料, および, 郷土資料, 地方行政資料, 美術品, レコード, フィルムを収集し, 一般公衆の利用に供する
2. 図書館資料の分類, 配列を適切にし, およびその目録を整備する
3. 図書館職員は, 図書館資料について十分な知識をもつとともに, 資料の利用に関する利用者からの相談に応ずる
4. ほかの公共図書館, 国立国会図書館, 地方公共団体の議会図書室, 学校図書館と緊密に連絡し, 協力し, 図書館資料の相互貸借をおこなう
5. 分館, 閲覧所, 配本所などを設置し, 自動車文庫, 貸出文庫の巡回をおこなう
6. 読書会, 研究会, 鑑賞会, 映写会, 資料展示会を主催し, これらの開催を奨励する
7. 時事に関する情報および参考資料を紹介し, 提供する
8. 社会教育における学習の機会を利用しておこなった学習の成果を活用しておこなう教育活動そのほかの活動の機会を提供し, その提供を奨励する
9. 学校, 博物館, 公民館, 研究所などと緊密に連絡し, 協力する

立図書館の任務と市町村立図書館の任務を分けたことも意義がある。

設問

(1) 下の注1）および注7）を参考にしながら，国立国会図書館のホームページをみて，現在おこなっている具体的な実務をいくつかあげ，その内容を説明しなさい（900字程度で）。
(2) 住民に身近な市区町村立図書館に対し，都道府県立図書館は，具体的には，どのような仕事をすることが求められているのか，「公立図書館の任務と目標」を読んでまとめなさい。

参考文献
1. 国立国会図書館総務部編『知識はわれらを豊かにする：国立国会図書館が果たす新しい役割：国立国会図書館開館60周年記念シンポジウム記録集』http://dl.ndl.go.jp/info:ndljp/pid/999261（'18.8.31現在参照可）
2. 日本図書館協会図書館政策特別委員会『公立図書館の任務と目標』1989年（巻末資料8）

注）
1) 国立図書館の定義として，現在も有効なのが，1970年のユネスコ第16回大会において採択された『図書館統計の国際標準に関する勧告』なかの次の定義である。「図書館の名称はどうあれ，その国で刊行された出版物を網羅的に収集・保存し，かつ，法律あるいは申し合わせによって，"寄託"図書館として機能する責任ある図書館。それらは，通常，以下の機能のいくつかを果たす。全国書誌の出版，その国に関する出版物を含む代表的な外国出版物を大量に収集・所蔵すること，全国書誌センターとしての機能を果たすこと，総合目録の編成，遡及全国書誌の刊行，たとえ，"国立"と呼ばれても，その機能が上記に合致しない図書館は"国立図書館"の範疇に入らない。」UNESCO, "Recommendation concerning the International Standardization of Library Statistics," 13 November 1970.（http://portal.unesco.org/en/ev.php-URL_ID=13086&URL_DO=DO_TOPIC&URL_SECTION=201.html）（'19.3.31現在参照可）。訳語は，千代田正明『図書館情報学ハンドブック 第2版』丸善，1999年，p.812によった。
2) Library of Congress, "Annual Report of the Librarian of Congress," for the fiscal year ending September 30, 2017, p.10.
3) British Library, "About us," https://www.bl.uk/aboutus/quickinfo/facts/index.html（'18,10,1現在参照可）.
4) "RUSSIAN STATE LIBRARY," http://www.rsl.ru/en（'18.10.1現在参照可）.
5) National Library of China, NLC Indtroduction, p3. http://www.nlc.cn/newen/newVisitUs/nlcIntroduction/index_2.htm（'18,10.31現在参照可）.
6) 『平成29年度 国立国会図書館の経営及び財政状態報告書』2018年8月30日，p.40。
7) ここに掲げた奉仕目的は，あくまで，一般論である。『国立国会図書館法』第2条で奉仕目的を規定しているが，「国会議員の職務の遂行に資するとともに，行政及び司法の各部門に対し，更に日本国民に対し，この法律に規定する図書館奉仕を提供することを目的とする」とある。この法律に規定する図書館奉仕とは，たとえば，「日本国内で刊行された出版物の目録又は索引を作」ることや，「日本の法律の索引を作る」ことをさす。
8) 『国立国会図書館法』第3条，ならびに，第20条。
9) 2016（平成28）年5月31日，近代デジタルライブラリーのサービスを終了，国立国会図書館デジタルコレクションと統合した。
10) 国立国会図書館で収集・保存している資料（図書，雑誌，古典籍，博士論文，官報，憲政資料，日本占領関係資料，プランゲ文庫，録音・映像関係資料，電子書籍・電子雑誌，歴史的音源，手稿類，脚本，化学映像，特殊デジタルコレクション，他機関デジタル化資料，内務省検閲白金図書）のうちデジタル化したものを検索・閲覧できる。絶版等の理由で入手が困難なものは，（国立国会図書館の承認を受けた図書館に限るが）公共図書館・大学図書館などに送信し，各図書館でデジタル画像の閲覧や音源の視聴ができるサービスも提供している。
11) 日本図書館協会『日本の図書館 統計と名簿2018』2019年2月，p.20・212。

10 図書館の種類と利用者 (2)

前章にひき続き，5館種のうちの，大学図書館，学校図書館，専門図書館を扱う。

第1節　大学図書館（academic library, university library, college library）

奉仕目的：大学生の学習や大学がおこなう高等教育および学術研究活動全般を支える重要な学術情報基盤の役割を有し，大学の教育研究にとって不可欠な中核を成し，総合的な機能を担う[1)]。

法的根拠：大学設置基準（昭和31年10月22日文部省令第28号），短期大学設置基準（昭和50年4月28日文部省令第21号）など。

奉仕対象：大学に所属する学生，および教職員

特　徴：研究と教育の両面を支援。公共図書館と比べると大きく異なるのが，研究支援機能である。そのため，学術雑誌の比重が高く，学術雑誌の高騰に常に悩まされている（後述）。

米国の比較的大きな大学では，新入生，専門課程，大学院生などのレベルに応じた図書館がキャンパス内にいくつか設置されるケースが多い。それに対し，わが国の大学では，中央館がすべてのレベルに奉仕することが求められ，学習図書館と研究図書館の機能が未分化のまま少ない職員数で対応しているというのが実情である。主題別図書館としては，学部ごとに設置される学部図書館があげられるが，やはり，新入生から大学院生まで対応せざるを得ない。

以下，大学図書館に特徴的な事柄をいくつか取り上げる。

a．共同目録作業

現在，国立情報学研究所（以下，NII）が運用する目録所在情報サービス（NACSIS - CATとNACSIS - ILLからなる）に参加する大学がほとんどである。NACSIS - CATは1985（昭和60）年から運用されている分担目録作業である。新刊図書をどこよりも先に購入した場合は，自館でオリジナルカタロギングをおこなうが，すでにデータがある場合は，コピーカタロギングをおこない，その所蔵を登録する。NACSIS - ILLは1992（平成4）年から運用されており，自らの学生や教員のため，他大学から資料取り寄せサービスをおこなうとともに，他大学からの依頼への対応も務めとなる。現在，図書の所在はCiNii-booksで検索可能である。

b．学術雑誌の高騰

1990年代に入ると，大学図書館をめぐる1つの危機説がにわかに浮上した。学術研究に欠くことのできない学術雑誌の高騰が目に見えて現れてきたことである。毎年，数10%の率で値上がりを続け，いつしかシリアルズクライシス（serials crisis）といわれるようになった。予算の手当てがつかずに購読を中止する大学図書館も出はじめた。この問題への対応策としては，たとえば，1977（昭和52）年度よりおこなわれている「学術雑誌センター館」の活動がある[2)]。また，

複数の大学図書館がコンソーシアムを形成し，共同購入をはかったり，出版社と交渉して価格上の便宜をはかってもらったりすることもおこなわれている。しかし，こうした方法は，一定の効果はあるものの問題の根本的な解決策ではない。積極的な対抗手段としては，北米のSPARC (Scholarly Publishing and Academic Resources Coalition) のような活動があげられる[3]。

c．電子ジャーナルの利用

一方で，インターネットの急激な普及に伴い，雑誌の電子ジャーナル化が進行し，その対応も大学図書館の重要な課題となった。

国立研究開発法人科学技術振興機構（Japan Science and Technology Agency, 以下JST）は，わが国の科学技術関係の情報流通を促進する責務を負っている[4]。1999（平成11）年度より，国内の科学技術情報関係の電子ジャーナル発行を支援するシステムであるJ-STAGE (Japan Science and Technology information AGgregator, Electronic) を開始した[5]。これは，科学技術関係の学会などの学術団体に対し，電子ジャーナルの公開のみならず，投稿から査読・審査までをオンライン化するシステムを利用機関に提供するものである。

一方，NIIは，2003（平成15）年，電子ジャーナルに関するリポジトリ[6]として，NII-REO (Repository of Electronic journals and Online publications)[7]を開始した。これは，複数の大学や研究機関，あるいは，コンソーシアムが購読契約した海外の電子ジャーナルのうち，出版社の許諾が得られたものについて，コンテンツを統合して搭載し，継続的・安定的に提供するサービスである。抄録までは無料で見ることができる。NIIでは，同年，米国やヨーロッパのSPARC活動を参考に，SPARC Japan（国際学術情報流通基盤整備事業）を立ち上げた。とくに，オープンアクセスの推進，学術情報流通の促進および情報発信力の強化に取り組み，学術コミュニケーションの変革を目指している[8]。NIIは，また，2005（平成17）年，論文情報ナビゲータCiNii (Citation information by Nii) を開始し，インターネット上に提供される学協会刊行物，紀要，国立国会図書館の雑誌記事索引データベース，J-STAGE，各大学・研究機関の機関リポジトリなどを検索の対象とし，本文が公開されているものにはリンクを張っている。

d．機関リポジトリ

2002（平成14）年3月，科学技術・学術審議会は，「学術情報は，公開され社会の共有財産となることにより，教育活動を通じて人材養成に貢献しつつ，一層の研究活動を促進するという特徴を持つ」という認識の下に，今後は，「体系的な情報発信のための体制作りが必要であ」り，また，そのための，「総合的な情報の発信窓口（ポータル機能）を設置し，統一的な規約によって情報を発信する必要がある」，このため，「大学図書館が中心」

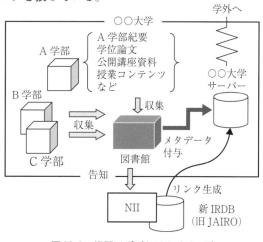

図10-1　機関リポジトリのイメージ

となって，学内での合意を形成，さらに，「情報発信のためのシステムの設計・構築を行う必要がある」と提言した[9]。ここで提言された「総合的な発信窓口」を具体化したものが機関リポジトリ（Institutional Repository,「学術機関リポジトリ」ともいう）である。各大学が制作する学術情報（紀要論文，学位論文，学協会誌への投稿論文，公開講座配布資料，あるいは，授業用のコンテンツなど）はさまざまあり，これを大学図書館が中心となって保存と利用の両面から電子アーカイブ[10]化を進める事業，あるいは，そのサーバーをさす（図10-1）。メタデータ[11]が付与されオープンアクセスが原則である。

わが国における最初の機関リポジトリは2003（平成15）年に設置した千葉大学である。NIIは，2004年度，学術機関リポジトリ構築ソフトウェア実装実験プロジェクトを実施し，翌2005年度，19大学に委託事業をおこなった。以降，量的拡大の一途をたどっている[12]。2009（平成21）年より，わが国の機関リポジトリに蓄積された論文などを横断的に検索できる学術機関リポジトリポータル（JAIRO, Japanese Institutional Repositories Online）が開始された[13]。

第2節　学校図書館（school library）

奉仕目的：学校の教育課程の展開に寄与するとともに，児童または生徒の健全な教養を育成すること（「学校図書館法」第1条）

法的根拠：「学校図書館法」（昭和28年8月8日法律第185号，以下，『法』：巻末資料10）

奉仕対象：児童生徒，教職員，および地域住民

特徴：「学校」といいながら，「学校教育法」（昭和22年法律第26号）に規定する学校とは異なることに注意[14]。『法』に規定する「学校」は，小学校，中学校，高等学校の3つと，それに相当する特別支援学校の小学部・中学部・高等部，義務教育学校（2016年より新設された学校教育制度。小中一貫校）の前期課程と後期課程，中等教育学校の前期課程・後期課程を含めていい，法律上の「学校図書館」は，これらの学校に附置された図書館をいう。

学校には，必ず，学校図書館を設けなければならないことが『法』第3条に明記されている。このことを義務設置という。公共図書館には，この義務設置がないため，学校図書館とは好対照をなしている。最新の調査[15]によれば，2018（平成30）年度，全国の小学校数は，国公私立合わせて1万9892校で，同様に中学校1万270校，高等学校4897校である。義務教育学校，中等教育学校，特別支援学校は，それぞれ，82校，53校，1141校で，わが国には，合計して3万6335校の学校があり，建前上は，それと同じ数の学校図書館がある。

『法』第5条に，「学校図書館の専門的職務を掌らせるため」，司書教諭をおかなければならないと規定され，同第2項で，司書教諭は，教諭の身分を有している者のうちで司書教諭資格を保持する者がなることになっている。2007（平成19）年の『法』改正で，司書教諭に充てる教諭は，第一義的には主幹教諭（または指導教諭）[16]とされ，比較的ベテランの教員がなることが期待されるようになった。また，2014（平成26）年7月，『法』が一部改正され，学校司書をおくこと

が努力義務となった(『法』第6条)。

『法』には，附則があり，その第2項に「学校には，(略)(政令で定める規模以下の学校にあっては，当分の間)，第5条第1項の規定にかかわらず，司書教諭を置かないことができる」とある。この政令[17]によって定められた学級数が11である。12学級以上の学校に司書教諭が配置されるようになってから久しいが，11学級以下の学校(全国の学校の約半分)には，いまだに司書教諭をおかなくてもよいことになっているのが問題である。

ところで，「司書教諭」を「学校図書館司書教諭」と，わざわざ「学校図書館」をつけていう人も見られるが，これは「保健室養護教諭」というようなものでよろしくない。司書教諭の活躍すべき場は，第一義的には学校図書館であるが，図書館に限られるものではない。教室に出向いて，教科担当やクラス担任とティームティーチング(Team Teaching)組んだり，地域に出かけて地域資料を集めたり，公共図書館と連携をとったりといった活動も含み，「場」を限定することはその職責の範囲を縮めてしまうことになる。

さて，『法』第4条第1項第5号に「他の学校の学校図書館，図書館，博物館，公民館等と緊密に連絡し，及び協力すること」とある。この「図書館」とは「公共図書館」をさしており，博物館，公民館と共に社会教育施設である。したがって，この項目は，学校教育と社会教育の連携，すなわち，学社連携，または，一歩進んで，学社融合を説いたものである。

第3節　専門図書館 (special library)

5館種でいう「専門図書館」は，図書館全体から国立図書館，公共図書館，大学図書館，学校図書館といった区分のはっきりした4館種を除いた残りの部分というのがわかりやすい(図10-2)。内実は多様で，規模も大小もさまざまである。唯一共通するのが主題専門性ということで，専門図書館といういい方となった。

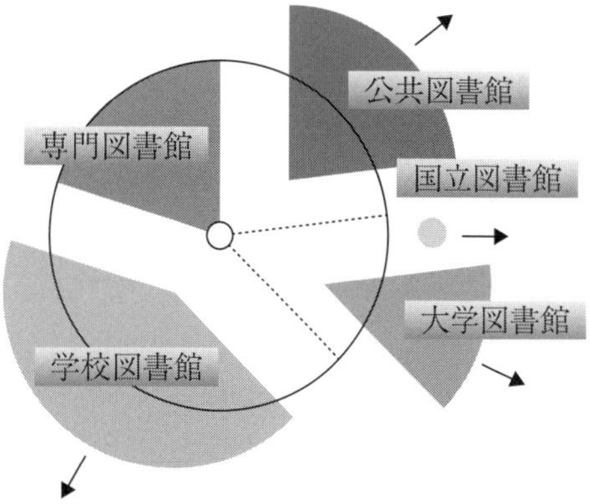

注) 円弧は正確な比率ではない
図10-2　専門図書館のイメージ

奉仕目的：図書館によって異なる。
法的根拠：法的根拠をもつものもあればもたないものもある。
奉仕対象：図書館によって異なる。
特　徴：利用にあたって，有料のものもあれば，無料のものもある。また，一般公開されないものもあれば，事実上，利用者が限定されるものもある。さまざまな内実をもっているが，いくつかの区分けの方法が試みられている。

a．専門図書館の種類

日本図書館協会が発行する『図書館年鑑』には，専門図書館を区分して連絡先などを掲げている。ここでは，巷間おこなわれている例を参考に，独自に類型化してみる。

1) 専門図書館：設立母体を問わず，公益に奉仕する目的でつくられた専門図書館
    - 独立行政法人科学技術振興機構情報資料館（旧科学技術情報センター）（東京都練馬区）
    - アジア経済研究所図書館（千葉県千葉市）　・九州経済調査協会経済図書館（福岡県福岡市）
    - 大宅壮一文庫（東京都品川区）
2) 研究所・団体・企業資料室：附置される母体組織への奉仕のために設けられる図書館で，一般開放がされていないか，限定的に開放されている図書館
    - 産業技術総合研究所（旧工業技術院）（東京都千代田区）
    - 野村総合研究所資料室（東京都千代田区）　・毎日新聞社資料室（東京竹橋）
    - 富士電機システムズ株式会社資料室（東京都日野市）
3) テーマ図書館：企業などが経営し，企業イメージを高め，同時に，一般の知的興味を刺激する目的でつくられた図書館
    - 食の文化ライブラリー（財団法人　味の素文化センター）（東京都品川区）
    - 本の図書館（丸善）（東京日本橋）
4) 博物館附属図書館：博物館の資料と同様に図書も収集する博物館の図書館部分。
    - 北海道立北方民族博物館情報普及室（北海道網走市）
    - 石橋美術館資料室（福岡県久留米市）　・東京都現代美術館美術図書室（東京都江東区）
    - 軽井沢絵本の森美術館図書館（長野県軽井沢町）
5) 外国公館附属資料室
    - フィリピン大使館資料室（東京都渋谷区）
    - アメリカン・センター（東京，札幌，名古屋，関西，福岡）
6) 議会資料室
    - ～県議会資料室　・～市議会資料室　・～町議会資料室　・～村議会資料室
    - 国立国会図書館
7) 特定図書館：特定の目的のために作られた施設の附属図書館
    - 点字図書館　・病院図書館　・矯正施設図書館
8) 各種学校の附属図書館・特殊コレクション：法律的に大学や学校の区分けに入らない各種学校，および特殊なコレクションの図書館。
    - 宗像看護専門学校図書館（福岡県宗像市）　・明星大学東京リンカーン・センター

設問

(1) 参考文献1を読み，大学図書館の課題を900字程度にまとめなさい。
(2) 世の中の専門図書館を探しなさい。そして，上記に則って区分けしなさい。

参考文献

1. 文部科学省：科学技術・学術審議会学術分科会研究環境基盤部会学術情報基盤作業部会『大学図書館の整備について（審議のまとめ）－変革する大学にあって求められる大学図書館像－』平成22年12月。http://www.mext.go.jp/b_menu/shingi/gijyutu/gijyutu4/toushin/1301602.htm（'19.3.31現在参照可）

注）

1) 参考文献1「1. 大学図書館の機能・役割及び戦略的な位置付け」。
2) 分野別に9大学に配置された拠点図書館で、国内未収集の外国学術雑誌等を体系的に収集・整理し、研究者等を対象にサービスを提供するもの。https://www.janul.jp/ncop/（'19.3.31現在参照可）。
3) 大手出版社による学術雑誌に対抗するため、北米研究図書館協会（ARL, Association of Research Libraries）が、1998年より始めた活動。研究者らに声をかけ、大手の学術雑誌に対抗できる新たな、しかも、相応な権威をもつ廉価な学術雑誌を生み出す試み。
4) 前身は1957（昭和32）年設立の日本科学技術情報センター（JICST）。1996（平成8）年、科学技術振興事業団として再出発。2003（平成15）年より、独立行政法人化され、2015（平成27）年、現在の名称となる。
5) 2019（平成31）年1月現在、26分野にわたる2736誌（475万4527論文）を収載している。https://www.jstage.jst.go.jp/browse/-char/ja/（'18.10.31現在参照可）。
6) repository. 基本的に「集積所、収納庫、貯蔵室」の意味。インターネット上に重要な電子的なコンテンツが増えてきたことにより、放っておくと散逸するか消滅してしまう可能性もあることから、その保存面を措置するところから始まった。現在は、「保存」面だけでなく「利用」面も重視される。
7) NII学術コンテンツサービスサポート　NII-REO「NII-REOについて」https://support.nii.ac.jp/ja/reo/outline（'19.3.31現在参照可）。
8) SPARC*JAPANホームページ「事業について」https://www.nii.ac.jp/sparc/（'19.3.31現在参照可）。
9) 文部科学省：科学技術・学術審議会・研究計画・評価分科会・情報科学技術委員会・デジタル研究情報基盤ワーキング・グループ『学術情報の流通基盤の充実について（審議のまとめ）』平成14年3月12日、pp.2-8。http://www.mext.go.jp/b_menu/shingi/gijyutu/gijyutu2/toushin/020401.htm（'19.3.31現在参照可）。
10) archive. これまで「古記録」「公文書」を「アーカイブ」といい、その保存を主たる目的にする組織を「アーカイブ」（文書館）ともいった。電子的な文書類もインターネットのなかに埋没し、散逸、消滅してしまう恐れがあるため、これをまとめて保存しようとするものが電子アーカイブである。
11) metadata.「データに関するデータ」の意味。私たちは、データの一次的な意味内容のほか、そのデータが、いつ、誰によって、どういうかたちでつくられたのか、などのデータに関するデータを必要とする。図書の書誌情報はメタデータそのものである。詳しくは本シリーズ第2巻『図書館情報技術論』を参照。
12) 2019（平成31）年1月現在、わが国では、大学が運営するもの537、短大・高専38、国立教育研究所などその他の機関が運営するもの50で、のべ625の機関リポジトリが稼働している（1つの機関で複数のリポジトリを運営している場合もある）。国立情報学研究所「機関リポジトリ一覧」（http://www.nii.ac.jp/irp/list/）。
13) 2019年3月末をもってサービス停止。以降、新IRDB（Institutional Repositories DataBase, https://irdb.nii.ac.jp/）へ移行（'19.3.31現在参照可）。
14) 「学校教育法」第1条に、「この法律で、学校とは、幼稚園、小学校、中学校、義務教育学校、高等学校、中等教育学校、特別支援学校、大学及び高等専門学校とする」とあり、「学校図書館法」が対象とする学校とは異なる。なお、幼稚園から高等専門学校までを含むこの9種を、俗に「一条校」といっている。
15) 文部科学省の「学校基本調査」は、毎年おこなわれ、5月1日現在の状況が把握できる。http://www.mext.go.jp/b_menu/toukei/chousa01/kihon/1267995.htm（'18.10.31現在参照可）。
16) 主幹教諭、指導教諭は、2007（平成19）年6月の「学校教育法」の改正で新たに設けられた職（小学校第37条、中学校第49条、高等学校第60条）で、主幹教諭は、「校長（副校長を置く小学校にあっては、校長及び副校長）及び教頭を助け、命を受けて校務の一部を整理し、並びに児童の教育をつかさどる」こととされ、指導教諭は、児童（生徒）の「教育をつかさどり、並びに教諭その他の職員に対して、教育指導の改善及び充実のために必要な指導及び助言を行う」こととされた。
17) 「学校図書館法附則第二項の学校の規模を定める政令」（平成9年政令第189号）。

図書館の類縁機関と図書館関連団体

　この章では，図書館の類縁機関，および，国の指導部署，地方公共団体の関連部署，また，図書館関連団体について整理する。これまでみたように，図書館をどうみるか，どう考えるか，という基本的な観点においても，多くの立場があり，また，多くの考え方がある。そういう意味で，図書館界は一様ではなく，このため，さまざまな団体が存在している。

第1節　図書館の類縁機関

a．類縁機関の意味

　「類縁」とは，「親類。一族。一類縁者」と，「似たところがあること」（『国語大辞典』小学館）という意味がある。図書館の類縁機関とはこの双方から説明できる。

　後者からいうと，「図書館に似た施設」となるが，少し理屈っぽく説明すると，たとえば，鳥の羽と飛び魚のヒレのように，生物学的に発生が異なっても，進化の結果として形態が似たものをアナロジー（analogy）といい，日本語では「相同」と訳される。図書館と相同の施設といえば，集める資料が異なることによって図書館とはいわないような施設，たとえば，博物館，美術館，文書館，フィルムライブラリ，フォトライブラリをあげることができる。

　一方，前者で説明するときは，「社会教育法」が引き合いに出される。すでに同法第9条で図書館と博物館は社会教育機関と規定され，互いに兄弟分であることを理解した（第4章）。しかし，ここには美術館や郷土資料館が含まれていない。実は，これらは博物館の一種とみなされる。博物館の概念はとても広く，収集する資料が"生きもの"でも構わない。動物園も水族館も植物園も博物館の枠組みに入る（ただし，正式な博物館というためには，いずれも学芸員がいて，研究をおこなっていることが前提となる[1]）。

　社会教育機関としては，ほかに公民館や青年の家がある。これらには，公共図書館にひけを取らない図書館施設・設備を備えたものもある。

b．公文書館（archives）

　各国では，法令，宣言，報告書，外交文書，要人の作成したメモなど，国の来し方を詳らかにするこれら公文書を散逸させず保存する機能の重要性が認識されている。この機能を担うのが公文書館である。歴史的には太古の図書館がこうした役割を担ってきたが（図11-1），現代では，公刊された図書を中心とし，利用に焦点の移っている公共図書館と，保存機能を中心とし，一枚ものの文書でも保管する公文書館とで，役割

図11-1　図書館の文化的使命

分担する必要が認められている。

国レベルの公文書館は，海外では，フランス国立中央文書館が最も古い。米国には，米国国立公文書館（National Archives and Records Administration）があるが，大統領に関する公文書は，歴代の大統領図書館をつくってそこで管理するのが慣わしである。わが国では，長らく内閣文庫（1885年より）が国レベルの公文書館の機能を担ってきたが，1971（昭和46）年，国立公文書館（National Archives of Japan）の創設を期に廃止された。ほかに外務省外交史料館，防衛省防衛研究所図書館，国文学研究資料館，宮内庁書陵部が国の公文書館である。

都道府県レベルで公文書館を設置している自治体は41（2018年現在）あり，政令指定都市や，市町村でも設置する例がある。市町村では，「公文書館」のほか，「文書館」「資料館」「史料館」「歴史文書館」「古文書館」「アーカイブズ」「総合情報館」など，さまざまな名称をもつ。

根拠法としては，「公文書館法」（昭和62年法律第115号），「国立公文書館法」（平成11年法律第79号）および「公文書等の管理に関する法律」（平成21年法律第66号）がある。専門的職員をおくことが法定されているが，これをアーキビスト（archivist）という。しかしながら，librarian →司書，curator →学芸員にあたる日本語がない。残念ながらこの分野がまだ十分社会に定着していないことがわかる。なお，2004（平成16）年4月，研究の進展，情報交換を目的に，日本アーカイブズ学会が設立された。アーキビスト養成や資格の法制化などが課題となっている。

一方で，こうした重要かつ貴重な文書の利用面を促進するため，文書のデジタル化が進められている。たとえば，国立公文書館が運営する「アジア歴史資料センター」が，2001（平成13）年11月に開設，国立公文書館，外務省外交史料館，防衛省防衛研究所図書館が所蔵する明治初期から太平洋戦争終結までのアジア関係資料を電子化してインターネットで提供している[2]。

c．図書館同種施設

「図書館法」（以下，『法』）第29条に「図書館と同種の施設は，何人もこれを設置することができる」とある。これは，第2次世界大戦以前の法律において，すべての図書館が認可制を取っていたことへの反省の表れである[3]。『法』には，「図書館同種施設」とはどのような施設をさすのか記述はないが，一般に，「地域文庫」や「家庭文庫」がそれにあたるとされている。これらは，図書館のなかった時代や地域において，図書館の機能を代替する重要な働きをした。大戦後の何もない時代，各地の青年団や組合が人々の読書欲を満たすためにつくった私設の文庫が，のちに市町村立図書館になった例もある。

次にふれる施設を図書館同種施設とする法的根拠はないが，上で説明した類縁機関にもあてはまらないため，便宜的にここに入れることにした。地域文庫や家庭文庫などの働きを公的にもつとみなされるのが，児童館図書室や学童クラブ施設である。公共図書館の児童サービスと同様の活動もおこなわれることから，児童館を公共図書館の分館として位置づけようとする試みも見られる。しかしながら，児童館は「児童福祉施設の設備及び運営に関する基準」（昭和23年12月厚生省令第63号）第37条第2号で図書室をもつことが規定され，学童クラブは「放課後児童健全育成事業」などの名称で「児童福祉法」第6条の3第2項の規定にもとづいておこなわれるとお

り，厚生労働省の管轄の下にある。残念ながら，連携がうまくいかない例が多いと聞く。

第2節　教育行政上の関連部署

a．国の指導部署

公共図書館は，社会教育機関であることが法定されているので，社会教育を管轄する文部科学省から行政上の指導を受ける。

文部科学省は，2018（平成30）年10月16日，17年ぶりに大きな組織再編をおこなった（第15章で再びふれる）。その組織図（図11-2）を見ると，文部科学大臣，副大臣の下に"事務方の長"である文部科学事務次官が位置し，文部科学審議官[4]を経て，"総務的"な仕事をする「大臣官房」と，行政の主体となる「局」，および，海外との窓口として機能する国際統括官がおかれている。

このうち，公共図書館を管轄するのが総合教育政策局（2018年10月15日まで生涯学習政策局）におかれる地域学習推進課（同社会教育課）図書館担当係である。

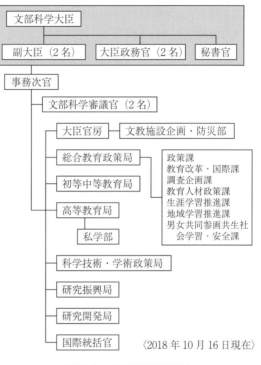

図11-2　文部科学省組織図

b．地方における関連部署・関連団体

教育委員会：地方において社会教育を推進するのは，行政執行機関としての教育委員会である[5]。

教育委員会の委員は，市長が市議会の同意を得て任命する。教育委員会には委員長がおかれ，教育委員の互選によって選ばれる。教育長は，教育委員会が教育委員のなかから任命する。教育長の職務は，教育委員会の事務を統括し，職員を指揮監督する。

教育委員会には社会教育主事がおかれ（社会教育法第9条の2），「社会教育を行う者に専門的技術的な助言と指導を与える」（同法第9条の3）ことになっている。

以下，具体的な例として，東京都日野市をあげよう（巻末資料12）。日野市には市の組織として教育部（一般には，「教育委員会事務局」という名称をもつ自治体も多い）がおかれ，教育委員会の事務を取り扱っている。図書館は教育部に属し，図書館長は課長職相当である。

生涯学習課または社会教育課：日野市では，教育部（教育委員会事務局）のなかに庶務課，学校課などと並んで生涯学習課（社会教育課という名称をもつ自治体もある）がおかれる。もっぱら生涯学習（社会教育）の企画・調整，青少年の健全育成，生涯スポーツ・レクリエーション計画・実施，学校体育施設の開放事業などをおこなう。公民館，博物館（郷土資料館），図書館はこれらの課とは独立した部署である。

市長部局：秘書課，広報広聴課，企画調整課，情報政策課などがおかれ，市長・副市長の秘書業務，広報紙の発行・行政相談，総合計画の策定，市政の企画・調整，ITの推進・市のコンピュータシステムに関することなどを取り扱っている。

　図書館をめぐる新しい企画，計画を実施したい場合は，企画課，企画調整課などと連絡をとり，連携して進める必要がある。こうした課は多くの自治体で市長部局におかれているため，図書館界では，教育委員会だけでなく，市長部局との連携が早くからいわれている。

図書館協議会：『法』第14条に「公立図書館に図書館協議会を置くことができる」と規定されている。設置する場合は，委員の定数，任期，任命の基準[6]などを含めて当該地方公共団体の条例で定めなければならない（同第16条）。協議会の職務は「図書館の運営に関し館長の諮問に応ずるとともに，図書館の行う図書館奉仕につき，館長に対して意見を述べる」（同第14条第2項）ことである。協議会委員は教育委員会が任命する（同第15条）ことになっているが，図書館の運営に批判的な者が意識的に排除される可能性は残っている。そこで，日野市立図書館では，広くさまざまな意見を聞くという観点から，協議会委員を公募制にしている。

　図書館協議会は，行政に対する民主的チェック機関としての役割も期待される。たとえば，静岡市立図書館では，指定管理者制度の導入を図書館協議会が反対し，見送ることができた。

図書館友の会：「○○図書館友の会」「図書館フレンド○○」「○○の図書館を考える会」などの名称で市民らがつくる団体。法的根拠はない。まれに図書館主導で市民を組織することもあるが，多くは自主的に成立する。図書館業務に組織的に組み込まれるケースもあれば，自主性をもって図書館をサポートするものもある。また，行政に対するチェック機能を自ら買って出て，敢えて緊張関係を維持する団体もある。応援団体的なものから"ご意見番"的なものまでさまざまである。いずれにせよ，市民の関心が薄ければこうした団体は成立しない。

　米国では，わが国と異なる特徴の1つであるが，寄付金集めの活動を活発におこない，実質的に図書館を支える「友の会」が多数存在する。

　なお，「朗読の会」「絵本の会」「点訳ボランティアの会」などのように，会の性格が図書館と密接に関連していたり，図書館が主たる活動の場であったりする団体もある。公共図書館はこうした市民団体と適切な関係をつくることに消極的であってはならない。

第3節　図書館の関連団体

　図書館の関連団体は，全国団体や地方団体，互助会的なものから研究団体まで，多種多様である。また，館種ごとに組織されたり，館種横断的であったり，民間から自発的に生じたものから，公的に設立されたものまで，非常に幅が広い。それらをすべて取り上げることは不可能なので，ここでは，図書館の日常業務や自己研鑽に有用な団体を主として掲げる。

a．国際団体

● IFLA（The International Federation of Library Associations and institutions，国際図書館連盟）

名称のとおり，各国の図書館協会と国立図書館が会員となっている。1927年創立。IFLAは世界中の目録規則の標準化に貢献したり，世界書誌調整を提案したりするなど，世界的な視野にたって，各国の図書館活動を指導している。

- UNESCO（United Nations Educational, Scientific and Cultural Organization）

1946年に設立された国際連合の専門機関。世界平和を推進する機関としてよく知られている。この観点から，各国の図書館を後押しする。『ユネスコ公共図書館宣言』が重要。

- OCLC（Online Computer Library Center）

米国の書誌ユーティリティーとして出発したが，現在，世界的にその顧客を広げ，世界の図書館界に大きな発言力をもつ。総合目録データベースのWorldCatの運営をおこなっている。自らは，営利団体ではなく，図書館を支援する公益法人といっている。

- IASL（International Association of School Librarianship，国際学校図書館協会）

学校図書館職員の国際団体である。研究団体としての性格が強く，年に1回，各国の主要都市で研究大会を行っている。2016（平成28）年には東京大会を実施した。

b．国内団体

① 館種横断的な団体

- 日本図書館協会（JLA, Japan Libaray Asscosiation）

前身は，1892年創立の「日本文庫協会」。わが国の図書館に関する中心的団体。ときに政策提言をおこない，国の図書館政策を左右する重要な役割を担う。協会内にさまざまな部会があり，それぞれが独立した活動をおこなっている。また，出版・啓蒙事業も担う。

② 館種ごとの団体

全国公共図書館協議会，国立大学図書館協会，私立大学図書館協会，大学図書館問題研究会，全国学校図書館協議会，学校図書館問題研究会，専門図書館協議会

③ 特定館種ごとの団体

音楽図書館協議会，日本看護図書館協議会，日本医学図書館協会，日本薬学図書館協議会，日本病院患者図書館協会，日本病院ライブラリー協会，日本体育図書館協議会，日本農学図書館協議会，企業史料協議会，児童図書館研究会

④ 学会，研究団体

日本図書館情報学会，日本図書館研究会，図書館問題研究会，日本学校図書館学会，情報処理学会，情報メディア学会，記録管理学会，日本アーカイブズ学会，アート・ドキュメンテーション学会など

⑤ 応援団体・政府組織団体

図書館サポートフォーラム，図書館友の会全国連絡会，図書館振興財団，共同保存図書館多摩

⑥ 周辺団体

情報科学技術協会，文字・活字文化振興機構，全国視覚障害者情報提供施設協会，全国歴史

資料保存利用機関連絡協議会，国際音楽資料情報協会（IAML）日本支部，近畿病院図書室研究会，日本国際児童図書評議会，日本子どもの本研究会，全国患者図書サービス連絡会

c．企業

　図書館に関連する企業もさまざまある。ここでは，業務支援という観点から類型化する（括弧内は代表的な企業）。このほかにも多くの企業があるが，それを知るためには，毎年秋におこなわれる「図書館総合展」に出かけて，実際に，企業展示ブースに立ち寄ってみるのがおもしろい。

- 図書の納品（日販，トーハン，TRC，紀伊国屋）
- 装備（埼玉福祉会，TRC）
- 家具調度品（キハラ，伊藤伊）
- 製本（ナカバヤシ）
- 自動貸出装置，BDS（内田洋行，住友3M）
- 移動図書館製作（林田製作所）
- 図書館システム（日立，富士通，リコー，日電）
- マーク（日販，TRC，大阪屋栗田）
- 業務委託・派遣（TRC，紀伊國屋，カルチュア・コンビニエンス・クラブ）
- 調査研究受託・経営相談（TRC，株式会社未来の図書館研究所）

設　問

(1) 教育行政における図書館の垂直ネットワークを図解しなさい。
(2) 図書館の関連団体の1つを取り上げ，どのような目的の下に，どのような活動をおこなっているかを調べ，900字程度で論じなさい。

参考文献
1. 日本図書館情報学会研究委員会編『図書館・博物館・文書館の連携』（シリーズ図書館情報学のフロンティア no.10）勉誠出版，2010年
2. 日本図書館協会「［特集］図書館の『応援団』」『図書館雑誌』Vol.101 No.10, 2007年10月号

注）
1) 博物館は，法律的には，学芸員をおいて研究をおこなっており，都道府県教育委員会に登録されたものをいう（「博物館法」第10～12条）。これを登録博物館という。登録博物館以外に，博物館相当施設，博物館類似施設という分け方がある。
2) 「アジ歴はインターネット上の資料館（デジタルアーカイブ）です」と掲げられている。国立公文書館アジア歴史資料センター https://www.jacar.go.jp/（'19.3.31現在参照可）。
3) 1933（昭和8）年に大幅に改正された「図書館令」（昭和8年勅令第175号）のこと。その第5条で，「私人ハ図書館ヲ設置スルコトヲ得」とあり，誰でも図書館を設置できるが，設置に際しては，第7条で，道府県立図書館は文部大臣の，「其ノ他ノモノニ在リテハ地方長官ノ認可ヲ受クベシ」とされていた。
4) 文部科学審議官は，「命を受けて，文部科学省の所掌事務に係る重要な政策に関する事務を総括整理する」（文部科学省設置法第5条第2項）。
5) 『地方教育行政の組織及び運営に関する法律』（昭和31年法律第162号）第2条で，都道府県，および，市町村等に教育委員会をおくことを明言し，第21条で，教育委員会が，管理および執行する事務を規定している。その第12号に「青少年教育，女性教育及び公民館の事業その他社会教育に関すること」があげられている。
6) 「法」第16条は，任命基準を制定する際，文部科学省令（図書館法施行規則のこと）を参酌するよう規定している。改正（平成23年12月文部科学省令第43号）後の同「規則」第12条では「学校教育及び社会教育の関係者，家庭教育の向上に資する活動を行う者並びに学識経験のある者の中から任命すること」とされた。

12 図書館員とライブラリアンシップ

　この章では，図書館員そのものを取り上げる。理想の図書館員とはどういう人々か，それに近づくためには，どのように努力をすればよいのか。これまで多くの偉大な図書館員が，図書館にまつわる人生の経験をすばらしい名言として述べており，それらは，多くの書物のなかにちりばめられている。それはそれとして，ここでは，筆者が直にお会いし，直にお話しを聞いた方々に絞り，生きた名言を紹介しながら，この辺りを述べたい。

第1節　司書とは

　「図書館法」（以下，『法』）第4条に，図書館におかれる専門的職員を「司書」および「司書補」と称するとあり，「司書」は「図書館の専門的事務に従事」し，「司書補」は「司書」の職務を助けると規定されている。この「図書館」とは，もちろん，公共図書館のことである。『法』第5条において，「司書」（または「司書補」，以下同じ）の資格を有する者を規定し，「司書資格」が国家資格であることを示している。したがって，「司書」とは，本来，公共図書館に採用された職員のうち，『法』で規定された国家資格を有する者のことをいう。公共図書館の職員のなかには資格を有しない者もいるが，言葉を正しく用いるなら，この場合「司書」とはいわない。また，学校図書館や大学図書館など『法』の対象外である図書館の職員で仮に「司書資格」保持者であっても，法律上はこれも「司書」とはいわない[1]。

　「司書」という言葉を，普通の人は知らない，わかりにくいとして，「図書館司書」といういい方をする人がいるが，「場所」＋「働く人」で，「病院医師」というのと同じでよろしくない。

　では，すべての館種を包含するいい方があるかといえば，法律上のいい方は存在しない。大学図書館や専門図書館など，高度な専門性を要する図書館はたくさんあるが，これをいい含む「図書館専門職」という用語を好んで用いる人もいる。一般には，英語の librarian に相当する日本語の「図書館員」が用いられる。

　さて，文部科学省はおよそ3年に1度，法規[2] にもとづいて社会教育調査を実施している。2015（平成27）年の調査結果[3] によれば，公立図書館数は3331館となり，過去最多となった。ほかの社会教育施設（たとえば，公民館や博物館）が減少に転じているなかで，増加傾向を維持しているのは公立図書館と生涯学習センターだけである。

　公立図書館に働く司書の内訳を示したのが図12-1である。これによれば，わが国の司書数は1万

図12-1　平成27年度　公立図書館の司書の内訳

9015人であり，そのうち，専任が5410人，兼任222人，非常勤9593人，指定管理者3790人となっており，1館あたり平均5.7人が就業していることになる。1993（平成5）年度と比べると，司書の数は7529人から2.53倍となっているが，専任の数はむしろ減少しており，その分，非常勤と指定管理者が増えている。ちなみに，専任司書と非常勤司書の数が逆転したのは，2008（平成20）年度調査のときである。専任司書の減少＝非常勤司書の増加傾向は，いずれ，大きな問題となることが予想される。なお，司書以外の職員（司書資格を保持せず公立図書館で働く職員）も別途いるわけで，日本図書館協会の調査[4]では，公立図書館の専任職員は1万394人で，そのうち，司書資格保持者（司書と称する職員）は52％とされている。

第2節　ライブラリアンシップについて

専門的な職業，あるいは，特定の技能や関係をもつ者に関して，理想像，あるは，人物像が語られることがある。このとき，よく用いられるのが，「～シップ」という言葉である。たとえば，スポーツマンシップ，リーダーシップ。英語でpresidentshipというと大統領の地位や職務のことをいう。ほかにも，professorship（教授の資格），dictatorship（独裁政権）などがある。この-shipという言葉は名詞の末尾に付けて独特の意味を加える接尾辞で，手近な辞書で調べてみると，① condition，② character，③ office，④ skillの4つの意味があり[5]，それぞれ，①身分，条件，②人物，性格，③役目，任務，仕事，④技能，熟練と訳すことができる（図12-2）。

① condition	身分，条件
② character	人物，性格
③ office	役目，任務，仕事
④ sikill	技能，熟練

図12-2　-shipが付加する意味

ここで「librarianshipを発揮する」，「librarianshipに則って」，「すばらしいlibrarianship」などの表現を考えると，図書館員としての「条件，人物‥任務‥技能‥」全部にあてはまる。たまに日本語で「図書館職」と訳される例もあるが，「図書館職」だけではいい表せない諸々のことが込められているので，本書では「ライブラリアンシップ」とカタカナで表記することにした。

一方，日本語に「～冥利に尽きる」といういい方がある。「自分の身分や商売などによって受ける恩恵があまりにも多くてありがたい」（『国語辞典』小学館）という意味である。ライブラリアンシップを発揮すると，人々から感謝され信頼される。もちろん，感謝されるために仕事をしているのではないが，結果として感謝される。そのことが，図書館員冥利に尽きると実感できたとき，一人前の図書館員に成長したといってよいだろう。図書館員冥利に尽きるという経験は，先輩図書館員の誰しもが必ずもっていることだろう。そうした経験談を聞くのもよい[6]。

第3節　図書館員の危機管理

図書館は利用者を，一切，差別区別しない。だから，必ずしも好ましい利用者ばかりが来るとは限らない。どのような人々にもライブラリアンシップを適切に発揮すべきである。

いわゆるクレーマーへの対応はむずかしい。ベテラン司書にインタビューすると[7]，ただ，ひたすら，相手のいい分を聞くに限るという（その際，笑顔を絶やさない）。クレーマーの場合，自分が不満に感じたことを，とにかく言わなければならないと考えているので，反論や議論は通じないという。自分で対処できないと思ったら上級の職員を呼んでくるのがよい。相手は，責任ある人に意見を言えたことで満足する場合がある。

逆にいえば，適切なサービスを提供するためには，利用者の話をじっくり聴くことが大切である。図書館は歴史的に利用者からのさまざまな挑戦を受けてきた。それらに対処するうちに，今では普通に図書館サービスとしておこなわれるようになったものもある[8]。

閲覧席を無用に占拠している高校生がいるとしよう。座って本を読みたいと思っているお年寄りのために，どう注意したらよいか。高校生は，若者特有の非常に高いプライドをもっている。したがって，真正面から口頭で注意するのは禁物である。ある司書は，黙ってメモを示し，周囲の人に注意されたことを，悟られないようにしてあげるという。

うまく危機管理ができることも，逆の意味でのライブラリアンシップの発揮ということになるだろう。上手に解決できれば，図書館員冥利ということにもなろう。しかし，あくまで，利用者が主役である点を忘れないようにしなければならない。図書館実習に出る場合，危機管理に対する準備も忘れずにしておこう。

第4節　図書館長の役割

次節でも，多くの"館長さん"が出てくるが，かつて評判の立った図書館は，みな優れた図書館長が指導力を発揮したことによる。図書館の発展に資する館長の役割はとても重要である。1963（昭和38）年の中小レポートでは，適格者がその自治体にいなければ，ほかからヘッドハンティングすることも推奨されている[9]。また，『公立図書館の任務と目標』（巻末資料8）では，「88 館長は，公立図書館の基本的任務を自覚し，住民へのサービスを身をもって示し，職員の意見をくみあげるとともに，職員を指導してその資質・能力・モラールの向上に努める。このため，館長は専任の経験豊かな専門職でなければならない」と主張されている[10]。

第5節　さまざまなエピソード

つぎに，いくつかのエピソードをあげ，これぞライブラリアンシップと，筆者が感じ入った事例を紹介したい。

a．I love your necktie!

ボストン公共図書館に研究資料を探しにいったときのこと。聞きたいことはわかっていたが，「こういう場合，英語のいい回しは‥‥」などと頭のなかで文法が行き交い，声をかけるのをためらっていた。すると，カウンターにいた，初老の少しふくよかな女性の図書館員が"I love your necktie!"と，ニッコリと笑いかけてきたのである。アジア系の，いかにも旅行者らしい者が何か聞きたそうにしている。彼女は，会話のきっかけに，「あなたのネクタイ好きよ！」と水を向けてくれたのである。それをきっかけに，堰（せき）を切ったように矢継ぎ早に質問が出た。研究を完成できたのは，彼女のお陰であったと感謝している。笑顔と会話のきっかけづくり。ライブラリアンシップの見事さを，現実に知った体験だった。

b．そこまで自分の図書館を愛している

　日野市立図書館の「ひまわり号」が放火された事件があった。何とも忌まわしい出来事である[11]。真夜中過ぎ，この情報をたまたまタクシー無線で聞いた同僚から電話があり，居ても立ってもいられなくなって現場に急行した。ものものしい規制線の外に黒い人だかりの山。ご近所の人々がみな心配して駆けつけていたのである。住民はこの図書館を愛している，そう，実感した。幸い，タイヤを焦がされただけで済んだが，このとき，館長さん（女性）はパジャマ姿で駆けつけていた。恰好など気にしていられなかったのだろう。筆者を見かけると，「見てやってください」と，わが子の惨状を訴えるかのように，規制線をくぐって筆者を導いてくれた。後年，館長になるF職員は，「（連鎖的に）何かあるといけないから」といって，駐車場に停めていた車のなかで一晩を過ごした。そこまでしなくてもとも思ったが，そうせずにはいられなかったのだろう。そこまで自分の図書館を愛しているのである。何というライブラリアンシップの発露と感嘆した。

c．図書館に本好きはいらない，人間が好きな人が欲しい

　筆者が九州で仕事をしていたとき，あるセミナーの講演を依頼するため，熊本県玉名市民図書館の館長さんをお訪ねした。この図書館は開館と同時に西日本一の貸出を数年続けた図書館である。館長さんが職員に指導していることがあるという。「図書館の利用者はお客さまです。入館してきた方には『いらっしゃいませ』と声をかけなさい」「相手を見下ろすようにカウンターに立ってはいけない」と，立ち位置が低くなるようわざわざ床工事までした。究極は，「図書館に本好きはいらない，人間が好きな人が欲しい」という言葉である。ライブラリアンシップは，人間が好きな人がプロに徹することによって一層磨かれる。人間が嫌いな人は，いくら本が好きでもライブラリアンシップは育たないと思った。

d．歌って踊れる図書館員

　鳥取県のあるセミナーでパネル討論会に一緒に出演した大阪府能勢町立図書館の館長さん。この図書館も貸出ですばらしい実績をあげていた。帰り路，お訪ねした。この館長さんも，標語を示して，職員に指導していることがあった。「一芸を身につけよ」というものである。読み聞かせやブックトークをするとき，ちょっとした芸を披露できれば，子どもたちの心をぐっと引きつけることができる。部下の1人は，風船芸を練習して身につけたそうである。館長さん自らが，歌って踊れる図書館員を自負している。フォークグループを結成し，訪ねていったその日，町の公会堂でコンサートをやっていた。子どもたちが会場から「館長さーん！」と声援を送っていたのが実に印象的であった。町の子どもたちから慕われる図書館員。日本のほかの地域では，図書

館員の顔がなかなか見えない。それでは，ライブラリアンシップも発揮しようがないではないか。

e．図書館は仕事を自分でプログラムできるところ

　ある本の共同執筆者の一人，元市川市立図書館長のOさんは，執筆打合せの雑談のなかで「図書館は仕事を自分でプログラムできるところ」，こんなことをおっしゃった。さぼろうと思えばさぼれるが，真剣にやろうと思ったら，次から次へとやるべきことが山のように見つかる。まさにそのとおりだと思った。世のなかの職業で，自分で仕事をプログラムできるものがどれほどあるだろうか。大抵は，自分が歯車の1つとなって，毎日，およそ決まった業務を淡々とこなしていくほうが多い。図書館の仕事は，やりがいを自分で見いだせる仕事である。だから，真剣に取り組む人は，自ら工夫し，提案し，試行錯誤し，その結果，自分が成長できる。世間では，「仕事が人をつくる」というが，図書館はそれにふさわしい場所である。このことに気がつかない図書館員がいたら，何ともったいないことかと思う。

f．これだけは渡さない

　実在の図書館員ではないが，『デイ・アフター・トゥモロー』(2004年公開)という映画に出てきた図書館員はすごいと思った。あり得ない想定だが，飛んでいるヘリコプターさえ燃料が凍りついて落下するという，突然の大寒波に襲われたとき，人々は生存をかけてニューヨーク公共図書館に逃げ込んだ。暖を取るため蔵書を燃やしはじめる（これはいただけない）。主人公らはさまざまな危険を回避したあと，ようやく助け出されるが，一緒に生き延びた図書館員は，グーテンベルクの『四十二行聖書』をしっかりと胸に抱きかかえ，「この聖書は活版印刷された最初の本だ。つまり，象徴している。理性の時代の始まりを。書物は人類最大の偉業だと私は思う。もし，西洋文明が終わりを迎えるなら，せめてこの1冊だけは守って見せる」という。筆者は仕事柄，ライブラリアンシップの描かれ方に涙がこぼれた。しかし，『四十二行聖書』の価値を知っていれば，図書館員でなくてもそういう行動を取るかもしれない，とも思うところだが。

g．他人の幸福をわが幸福と思える人

　図書館員になったある教え子とのエピソード。居酒屋で近況報告を聞いていた。彼女が醤油瓶に手を伸ばそうとしたとき，邪魔になりそうなコップをどけてあげた。びっくりしたような顔をして「えっ，先生って，そんなことをするのですね」。どうやら，恩師が，自分のためにコップをどけてくれたことが不思議だったようだ。「他人が取りやすくどけてあげるのは当たり前でしょう？」と，筆者はいったが，彼女はライブラリアンシップのヒントを得たようだった。

　図書館員は自分の幸福のために仕事をするのではなく，他人の幸福のためのお手伝いをする。図書館の利用者は，課題や問題をかかえて，その解決のために図書館にやってくる。主人公は利用者である。図書館員はそれを手助けする職業である。だから，「こんな資料があったのか！」「あー，わかった，よかった！」と，結果が出せれば素直に喜んでもらえる。そのときの嬉しそうな様子を見て，自分が幸せな気分になれたら，また，次もそうしようと思う。こうしてライブラリアンシップは磨かれていくのである。「他人の幸福を我が幸福と思える人」は，ぜひ，図書館界に来てほしい。

その根底にあるのは，誰かのため，何かのため，社会のため，文化のために自分は何ができるかが考えられることである。そして，自分が自分以外のことに役立つ喜びを知ることである。他人に喜んでもらえることに無上の幸福感を覚えることに優る図書館員の資質はない。おいしい食べ物，贅沢なレジャー，安逸な暮らし，これらはどんなに繰り返してもその幸福感は長続きしない。人間の究極の幸せとは，他人に喜んでもらえたときの充実感にあるとさえいえる。「利用者の幸せのために自分は何ができるか」ということを常に考えている図書館員になってほしい。

設問

(1) 参考文献2を読み，とくに重要だと思う項目を900字程度に整理しなさい。
(2) 図書館関係の本，雑誌の記事，映画，講演，自らインタビューなど，何でもよいが，そのなかで，自分なりにライブラリアンシップを感じた言葉を書き出しなさい。そして，その言葉の意味，奥深さ，味わい深さなどを述べ，さらに，分析して普遍化しなさい。

参考文献
1. 内野安彦『図書館長論の試み―実践からの序説』樹村房，2014年
2. 日本図書館協会図書館経営委員会危機・安全管理特別検討チーム編『こんなときどうするの？：図書館での危機安全管理マニュアル作成の手引き』日本図書館協会，2005年
3. 山内薫『本と人をつなぐ図書館員―障害のある人，赤ちゃんから高齢者まで』読書工房，2008年

注
1) 公共図書館以外に，法律上の職制として，司書を規定しているのは，国立国会図書館である。「国会職員法」（昭和22年4月30日法律第85号）第1条第3号。
2) 統計法（平成19年法律第53号）第2条第4項にもとづく基幹統計調査（基幹統計である社会教育統計を作成する調査）として，社会教育調査規則（昭和35年文部省令第11号）にもとづき実施。
3) 文部科学省『平成27年度社会教育統計（社会教育調査報告書）の公表について』平成29年3月27日，http://www.mext.go.jp/component/b_menu/other/__icsFiles/afieldfile/2017/03/27/1378656_01.pdf（'19.3.31現在参照可）。
4) 日本図書館協会『日本の図書館　統計と名簿　2016』2017年，p.21。
5)『旺文社英和中辞典』。これに，quality, state, rank, status, ability を加えるものもある。たとえば，"Webster's new world dictionary" など。
6)『図書館雑誌』2005年4月号（Vol.99 No.4）から2007年4月号（Vol.101 No.4）まで計23回，不定期で「図書館員みょうり」が連載された。連載打ち切りが惜しまれるところだが，機会があれば読んでほしい。
7) 日野市立図書館司書への電話インタビュー（2010年度，図書館実習生のために）。
8) ベス・マクニール，デニス・ジョンソン著，中野捷三訳『図書館の問題利用者―前向きに対応するためのハンドブック』日本図書館協会，2004年，pp.107-110。
9) 日本図書館協会，『中小都市における公共図書館の運営』，1963年，pp.158-159。
10) 日本図書館協会図書館政策特別委員会，『公立図書館の任務と目標』，2004年3月改訂。
11) 次の文書に記している。二村健「ひまわり号燃ゆ！」『図書館雑誌』vol.92, no.11, 1998.11, pp.1022-1023。

13 知的自由と図書館

　第4章で，民主主義社会と図書館の関係を述べた。この章では，図書館の重要な理念である「知的自由」について扱う。わが国の図書館界では，「図書館の自由」という言葉で表現される。近代民主主義の申し子ともいうべき図書館の存在意義の1つであり，図書館員の良心が「図書館の自由」という言葉に込められている。

第1節　「日本国憲法」と基本的人権

　先に，「図書館法」は「日本国憲法－教育基本法－社会教育法－図書館法」という連綿とした法体系のなかに位置づけられ，「日本国憲法」（以下，『憲法』）の精神を具体化するものと指摘した。

図13-1　日本国憲法の方向性

　私たちは，普段，「自由」ということをほとんど意識することがないほど，自由に暮らしている。それは，『憲法』が保証してくれているからである。図13-1は，『憲法』が国外に向かっては平和主義を，国内に向かっては国民主権と基本的人権を保障していることを表している。私たちの"自由さ"は，この基本的人権の保障に由来し，『憲法』の第3章（第10条から第40条で構成）に示されている。

　まず，日本国民の要件を法律（国籍法）で定めることを明示（10条），国民誰もが基本的人権をもち，なおかつ，基本的人権は侵すことのできない永久の権利（11条）であることを述べている。そして，「生命，自由及び幸福追求に対する国民の権利については，公共の福祉に反しない限り，立法その他の国政の上で，最大の尊重」が与えられる（13条）とした。すべての国民は，法の下に平等で，人種，信条，性別，社会的身分，または門地等により差別されないことを説く（14条）。

　思想および良心の自由（19条），信教の自由（20条），集会・結社および表現の自由（21条1項），検閲の禁止・通信の秘密（21条2項），居住・移転・職業の自由（22条），学問の自由（23条），夫婦の平等（24条1項），個人の尊厳と両性の平等（24条2項），健康で文化的な最低限度の生活を営む権利（25条1項），教育を受ける権利（26条1項），教育を受ける義務，および，義務教育の無償（26条2項），勤労の権利と義務（27条1項），団結権・団体交渉権・団体行動権（28条），財産権（29条1項），納税の義務（30条），法定手続の保障（31条）と続く。

　さらに，国家権力の乱用を制限する条項が続き（32条～39条），誤認逮捕により拘禁されたあと無罪裁判を勝ち取ったときは，国に補償を求める権利（40条）が定められて第3章が閉じる。

このなかに，図書館の存在意義と深くかかわるものがある。

第2節　知的自由

「知的自由」(intellectual freedom) とは，一個人が他人もしくは集団から何の妨げを設けることなく，自由に精神の活動をおこなうことができる状態のことをいう（『最新図書館用語大辞典』柏書房）。わが国の憲法には「知的自由」という文言は見られないが，第19条に，「思想及び良心の自由は，これを侵してはならない」と規定されている。この思想信条の自由，または，良心の自由とは，何を思ってもよいし，何を信じてもよいということである。「内心の自由」ともいう。第4章で扱った「自分のことは自分で決められる自由」のことである。わが国では，この第19条により，「知的自由」が保証されているとみなされている。

a. 図書の規制

古来，権力者にとって，民衆の間に広まる自由な思想は，ときに権力を倒す大きな力につながることもあり，最も畏怖されるものであった。権力側が故意に情報を隠蔽したり歪曲したりするのは，これをおそれるためでもある。権力にとっては，情報を独占し，知らしめず，識字を広めず，愚民政策をとるのが最も手っ取り早い民衆支配の方法である（もちろん，社会はそれだけ停滞してしまうことになるが）。

歴史をふり返れば，体制に反する書物を摘発したり，事前検閲をして出版統制をしたり，燃やしてしまうことすらあった。言論圧迫の手段として書物を焼き捨てることを焚書という。また，思想警察により，読書記録が調査され，逮捕・拘留・拷問という，人間の生きる権利を無視した行き過ぎた弾圧のきっかけにされたこともある。権力に対する反体制思想ということばかりではない。宗教上から，ほかの価値観を認めないとして本を規制したり，道徳的モラルに反するといって図書館の書架から取り除こうとしたりする例は，今もあとを絶たない。

わが国で，2009（平成21）年から翌年にかけてtwitterに投稿されるや，瞬く間に広まった言葉がある。「焚書は序曲にすぎない。本を焼く者は，ついには人間を焼くようになる」という言葉である。ドイツの詩人ハインリヒ・ハイネ（Christian Johann Heinrich Heine, 1797-1856）の戯曲『アルマンゾル』（1823年）に出てくる一節である[1]。のちに，「焚書－虐殺」をたどったナチスドイツの所行を想起する人は多いだろう。

1984年（かなり古いが）の米映画『フットルース』は，小さな町の道徳的善導によって受ける若者たちの被抑圧感が，ダンスを通じて解放されるという誠に中庸を得た物語だが，道徳を重んじる町の住人が，「若者が退廃するのは本のせいだ」として，図書館の本を燃やすシーンが出てくる。町の牧師が「悪魔は本の中にいるのではない，心の中にいるのだ」といって止めに入る。若者に対する道徳的抑圧の象徴ともいえるこの牧師こそが，焚書を制止し，行き過ぎた町民の行動を叱り，若者たちを応援し始める。この映画は米国社会の一端を描いている。ここには悪人は誰もいない。善意の結果として本が燃やされてしまう。さまざまな価値観，考え方を若者に示す

のではなく，一通りの価値のあり方だけが"善"であると思い込んでしまう"善人"がいる社会のむずかしさ。わが国にもこういう"善人"が居るのではないかと気になるところである。

b．Library Bill of Rights

　図書館におけるこの「知的自由」という考え方は米国ではじまり深められた。1939年，米国図書館協会は，Library's Bill of Rights を採択した（巻末資料13）。わが国では，「図書館憲章」「図書館の権利章典」「図書館の権利宣言」などと訳されている。その冒頭には，「今日，世界の多くの地域における兆候が，少数者と個人の権利に影響を及ぼすところの，増大しつつある不寛容，自由な言論の抑圧と検閲を暗示している。これに留意して，アメリカ図書館協会評議会は，無料公共図書館の奉仕に適用すべき，次のような基本方針において，その所信を公的に確認する（略）」と書かれている[2]。

　これが採択された背景には，1933年，ナチスドイツが大規模な焚書をおこなって世界中に衝撃を与えたこと，および，1939年に刊行されたスタインベック（John Steinbeck, 1902-68）の『怒りの葡萄』（"The Grapes of Wrath"）問題があるとされる。前者は，ベルリン大学前の広場において4万人の群衆が見守るなか，図書館や貸本屋から集められた2万冊以上の「非ドイツ的」というレッテルの貼られた本が燃やされたという事件[3]。焚書は，ただ本を焼くことだけを意味するのではなく，権力がおこなう場合は，思想，信条の統制を人々に植え付ける"見せしめ"としての意図が込められる。後者の『怒りの葡萄』問題とは，発売以来大ベストセラーとなり，翌年，ピューリッツァー賞を受賞した一方で，「ワイセツ」「共産主義のプロパガンダ」という激しい非難を浴び，多くの公共図書館の書架から撤去されたという事件[4]。これらに問題意識をもった米国の図書館界が，読者の知的自由を守る決意を示そうと成文化した。

表13-1　「図書館の権利の宣言」　1948年改訂

　アメリカ図書館協会評議会は，以下の基本方針が，すべての図書館のサービスにおよぶべきであるとの信念を再確認する。
1. 図書館サービスの責任として，選択される図書およびその他の読書資料は，地域社会のすべての人々にとっての関心，情報および啓蒙に役立つかどうかという観点で選ばれるべきである。いかなる場合にも，その著書の人種，国籍，政治的あるいは宗教的見解を理由に排除されてはならない。
2. 現代の，国際的，全国的，地域的な問題や争点についてあらゆる観点を示す資料が，充分によく提供されなければならない。確かな事実上のよりどころのある図書およびその他の読書資料は，党派あるいは主義のうえから賛成できないという理由で，図書館の書架から締め出されたり，取り除かれることがあってはならない。
3. アメリカニズムという威圧的な観念を確立しようとする道徳的，政治的な意見の持ち主，団体によって主張され，行われる検閲に対して図書館は，印刷物を通して公衆に情報を提供し，啓発を行うという責任を果たすため，拒否すべきである。
4. 図書館は，アメリカの伝統であり，遺産である思想への自由な接近，完全な言論の自由を制限しようとするものに抵抗する，科学，教育，出版の分野における関係団体に協力を求めるべきである。
5. 民主的な生き方にとっての教育の機関として図書館は，社会的に有益で，文化的な活動，現代の公衆の関心事についての討論のために，集会室が利用されることを歓迎すべきである。そのような集会の場は，構成員の信条，所属関係にかかわりなく，地域社会のすべての団体に対して，公平に利用されなければならない。

出典：訳語は，塩見昇『知的自由と図書館』青木書店，1989年，pp.31-32による

この「図書館の権利宣言」は，その後，1944年，1948年，1961年，1967年，1980年と改訂が続いて現在にいたっている[5]。1948年の改定は大幅におこなわれ，タイトルも Library Bill of Rights に変更された。わが国の「図書館の自由に関する宣言」はこれに大きく影響されたといわれている。

表13-1　図書館の自由

第1	図書館は資料収集の自由を有する
第2	図書館は資料提供の自由を有する
第3	図書館は利用者の秘密を守る
第4	図書館はすべての検閲に反対する

図書館の自由が侵されるとき，われわれは団結して，あくまで自由を守る

c．知的自由と米国社会

　図書館にインターネットが入ってくるようになると，検閲に絡む新たな問題がもち上がった。フィルタリングソフトである。フィルタリングソフトとは，ある種のサイトにアクセスできないように端末側でブロックするソフトウェアである。知的自由は情報への無制限アクセスが前提となるが，実際は，親として子どもに見せたくない猥褻な画像，暴力・犯罪を誘発しかねないサイトなどがあり，こうしたソフトを図書館内の端末に導入するかどうかで議論が起こった。

　また，まったく新しい別な局面として，2001年9月11日のいわゆる「同時多発テロ」以降に成立した「愛国者法」（Patriot Act）の問題がある。管轄のFBIは，通信内容の傍受，被疑者の無制限の拘留，図書館の読書記録の提出など，人権停止ともいえる強い権力を行使できる内容であった。現在は，FBIの強力な捜査権限は残されたままだが，成立当初のヒステリックなものから，徐々に，国民の権利保護を意識した方向へと落ち着きつつあるといわれる[6]。

　米国図書館協会（ALA）は，こうした問題が起こるたびに，常に，読者の「知的自由」を擁護する立場にたって活動している。

第3節　図書館の自由

a．「図書館の自由に関する宣言」

　いくつかの図書館で，ほぼ，入口に近いところに「図書館の自由」なるポスターが貼られていることに気づいた人は多いと思う。2006（平成18）年刊行の『図書館戦争』は，若者たちの人気を集め，のちにアニメや映画にもなった作品である。作者自身が，この作品の誕生するきっかけが図書館の入口に

写真13-1　図書館の自由ポスター

貼られていたポスターだったと書いている[7]。作家の目を惹いた理由は不可思議な感覚だった。「図書館の自由」は「図書館の自由に関する宣言」のなかから取りだしたものである。たしかに，この「4項目＋1」（表13-1）だけを読むと，ほかからの干渉を一切受けつけようとしない孤立した集団のプロパガンダのようにも見える。しかし，これは，図書館が民主主義を下支えする社会的機関であり，これを大切にすることを表明した"良心"の宣言ともいうべきもので，図書館の重要な理念の1つとなっている。また，図書館の存在意義を十分理解していない＝図書館を無料

貸本屋程度にしか理解していない人々に対する啓蒙活動の第一歩ともなる（ただし，その理屈はそんなにやさしいものではない）。

　第2次世界大戦以前のわが国の図書館は，官僚的色彩が強く，権力の側にしっかりと組み込まれていた。そのため，思想善導の名の下に，左翼思想や自由主義思想を扱う図書を書架から撤去したり，摘発や取締に協力したりしたことが反省されている。

　第2次世界大戦後は，米国のLibrary Bill of Rightsに影響を受け，わが国でも，「図書館憲章」の制定が議論された。そもそも憲章を設けるべきか，という根本の部分で賛否両論が激しく，最終的に「図書館の自由に関する宣言」（以下，『宣言』）という名称に落ち着いた。1954（昭和29）年，全国図書館大会で主文（現在のように4項目ではなく，3項目であった）のみ採択されたものの，その後，副文および解説が完成することなく，しばらく放置されたままだった[8]。

　1970年代に入り，図書館の自由に抵触するいくつかの事件[9]が起きたことから，再び，『宣言』の完成版を模索する動きがはじまった。1979（昭和54）年，『宣言』の改訂案が日本図書館協会総会で決議された。25年の歳月が流れていた（巻末資料14）。

　具体的に『宣言』と抵触する事例を類型化すると，
① 資料収集の自由 vs 表現が「ワイセツ」であると決めつけ，保護者団体などが，図書館で購入しないよう要求するなど。
② 資料提供の自由 vs 人種差別・性差別などのある図書を自治体の首長・学校長などが書架から撤去するよう命ずるなど。
③ 利用者の秘密を守る vs 警察関係者が，捜査令状をもたずに，図書館の読書記録を見て，犯人を割り出そうとするなど。
④ すべての検閲に反対する vs 自治体のお偉方が図書館を視察に来るので，問題となりそうな図書を，事前に書架から抜いておいたなど。

日本図書館協会の機関誌「図書館雑誌」に「こらむ図書館の自由」[10]が連載されている。ここには，図書館の自由に関する事例や意見，所感などが寄せられる。公共図書館，学校図書館，大学図書館など，館種による状況などもわかる。肩が凝らない読みものとなっているので，現場の状況を知るためにも，一度目を通しておくとよい。

b．「図書館員の倫理綱領」

　『宣言』が決議された翌1980（昭和55）年，日本図書館協会総会で，「図書館員の倫理綱領」（巻末資料15）が採択された。これは，『宣言』によって示された図書館の社会的責任のもとで個々の図書館員がその職責を遂行するための自立的規範とみることができる[11]。

　図書館員は，①社会の期待と利用者の要求を基本的なよりどころとして職務を遂行する，②利用者を差別しない，③利用者の秘密を漏らさない，④図書館の自由を守り，資料の収集，保存および提供につとめる，⑤常に資料を知ることにつとめる，⑥個人的，集団的に，不断の研修につとめる，⑦自館の運営方針や奉仕計画の策定に積極的に参画する，⑧相互の協力を密にして，集団としての専門的能力の向上につとめる，⑨図書館奉仕のため適正な労働条件の確保につとめ

る，⑩図書館間の理解と協力につとめる，⑪住民や他団体とも協力して，社会の文化環境の醸成につとめる，⑫読者の立場に立って出版文化の発展に寄与するようつとめると，その職責を明らかにしている。なお，日本図書館協会は「この綱領の維持発展につとめるとともに，この綱領と相いれない事態に対しては，その改善に向って不断に努力する」と，図書館団体としての責務を明確にしたことにも意義がある。

設問

(1) 図書館を無料貸本屋程度にしか理解していない人々に対して，『図書館の自由』を説明することを想定して，その理屈をわかりやすく900字程度にまとめなさい。
(2) 参考文献3を読み，自分が最も気になった事例を取り上げ，900字程度で概説しなさい。

参考文献
1. 塩見昇・川崎良孝編著『知る自由の保障と図書館』日本図書館協会，2006年
2. 日本図書館協会図書館の自由委員会『図書館の自由を求めて「図書館の自由に関する宣言」採択50周年座談会・60周年記念講演会記録集』2016年
3. 日本図書館協会「こらむ図書館の自由」もくじ http://www.jla.or.jp/committees/jiyu//tabid/639/default.aspx（'19.3.31現在参照可）

注)
1) ハインリヒ・ハイネ著，大久保渡訳『悲劇アルマンゾル：北と南は戦い続ける』朝日新聞西部本社編集出版センター，1987年，p.20。
2) 訳文は次の書によった。塩見昇『知的自由と図書館』青木書店，1989年，p.39。
3) 前掲，pp.3-5。
4) 前掲，pp.39-40。
5) The American Library Association, "Library Bill of Rights," 1996年には，文言の再確認がおこなわれている。http://www.ala.org/advocacy/intfreedom/librarybill（'18.8.31現在参照可）。
6) 高桑裕樹「知的自由に関する法の動向〜愛国者法，CIPA，COPA，DOPA」国立国会図書館，『2006年度国立国会図書館調査研究報告書 米国の図書館事情2007』（図書館研究シリーズ No.40）2008年，p.25。
7) 有川浩『図書館戦争』メディアワークス，2006年，p.344。
8) 参考文献1，pp.23-49。
9) この問題が再燃する大きなきっかけとなったのが，1973（昭和48）年の山口県立図書館図書封印問題である。次の書に詳しい。馬場俊明『「自由宣言」と図書館活動』青弓社，1993年，pp.77-92。および，塩見昇『図書館の自由委員会の成立と「図書館の自由に関する宣言」』（改訂）日本図書館協会，2017年，pp.29-57。
10) 日本図書館協会のWebページで過去に掲載された記事を読むことができる。日本図書館協会「こらむ図書館の自由」もくじ http://www.jla.or.jp/committees/jiyu//tabid/639/default.aspx（'19.3.31現在参照可）。
11) 図書館情報学ハンドブック編集委員会『図書館情報学ハンドブック』（第2版）丸善，1999年，p.148。

14 図書館の課題

この章では、公共図書館の課題について取り上げる。これまで、多くの図書館員が、理想に燃えてがんばってきたことにより、すでに達成された課題もあれば、いまだあるべき姿から遠い状況に甘んじているものもある。皆さんが、図書館員になったとき、それが解決できていなければ、ぜひ、皆さんの力によって解決していただきたい課題である。

第1節　社会の人々の意識

a．無料貸本屋論からの脱却

2006（平成18）年の『これからの図書館像』に、次のことが書かれている[1]。

> 図書館＝本を借りるところ
> 図書館職員＝本の貸出手続をする人
> 図書館では＝本は自分で探すもの

図14-1　社会の人々の図書館に対する認識

「（略）住民や地方公共団体関係者には、図書館は「本を借りるところ」、図書館職員は「本の貸出手続きをする人」、図書館では「本は自分で探すもの」と考えている人が少なくない。小規模な図書館では、小説や実用書が中心で専門書は少ないところもあることから、図書館一般をそのような施設だと考える人もあり、図書館の持つ力や効用はあまり理解されていない。」

これは煎じ詰めれば、一般の人々の意識にある「図書館＝無料貸本屋」論からの脱却を訴えたもので、ずっと古くからいい続けられてきた問題であり[2]、21世紀このかたになっても、なお、図書館界が解決できていない課題の1つである。

b．利用登録率の向上

従来から用いられている図書館評価の指標に「利用登録率」がある。この指標の意義は、図書館サービスを積極的に受けようとする住民が自治体内にどの位いるのかを知ることができることである。2018（平成30）年4月現在の全国平均は41.5％となった[3]。これは、何年もかかって少しずつ増えてようやく4割を超えたものである。少しずつでも、増えているのは喜ばしいことであるが、もちろん、貸出冊数だけでは実態はわからない。意外なのは、伝説的に語られる日野市立図書館が登録率19.82％という低い数値に甘んじていることである[4]。1人当たりの貸出冊数を見ると全国平均5.23冊に対して、日野市は8.71冊であり、図書館利用が決して停滞しているわけではない。これらのことから考えられることは、市民の比較的一部の人々が熱心に図書館を利用しているということである。

さて、利用登録率4割という数値は、逆に日常生活で図書館を利用しなくても済んでいる人々が市民の6割はいるという事実を示している（そのなかには、一生涯、図書館に一歩も足を踏み入

れることなく暮らした人もいることだろう）。米国では，利用登録率は5割とも6割ともいわれる[5]。人間の感覚というものは不思議なもので，6割の住民に奉仕しているというのと，4割の住民にしか奉仕していないというのでは，印象がまるでちがう。後者だと，財政事情の悪化した自治体で図書館予算削減の理由にされそうである。

　わが国の図書館界は，いかなる手段を講じてでも利用登録率を高める工夫をする必要があろう。図書館は本を借りられるところというだけでは，住民に訴える力はない。『これからの図書館像』が試みた課題解決型図書館の提言も，インターネットが得意な若者たちの目には霞んで見える。図書館の情報提供機能と教育機能ばかりで議論していくと，インターネットの進展の前になかなか有効な理屈をつくり出せない。第3の機能＝場の演出機能（第2章）が有力視される由縁である。

　結局のところ，図書館の意義だの効用だのいってみたところで，利用者が「行きたくなるような図書館」でなければ利用登録率も高まらない。次の事例に接して，筆者は，実は単純なことではないかと考えるようになった。

第2節　高集客力図書館

　第1章でもふれたが，2018（平成30）年5月，テレビのニュース番組[6]で取り上げられた神奈川県大和市立図書館シリウスは，高集客力をもった図書館である。東名高速道路を走っていると「日本一の図書館の街　大和市」とか，「年300万人来館　シリウス大和市図書館」という横断幕が掲げられている。入館するとすぐ目につくのがコーヒー専門店である。コーヒー店が出店している図書館は，最近，珍しくなくなったが，この図書館では，購入した蓋（ふた）のついたカップ入りの飲み物をもって館内に入ることができる。規制がゆるくなっているといえばそれまでだが，これによって蔵書が汚れたケースはほとんどないという。ニュース番組では，館内でシルバー世代向けの体操教室や，カラオケ大会，着物の着付け教室などをおこなっていることが紹介された。また，子育て中の若い母親がバギー（乳母車）を押してそのまま入り，資格をもった専門家のいる託児施設に預けて図書館利用ができる工夫がされていることも紹介されていた。6階建ての最上階には，大会議室，小会議室，調理実習室，文化創造室，講習室，中会議室，印刷室，市民交流スペース，テラスが配置されている。各階はスペースが大きくとられ，そこかしこに座席が配置されている（写真14-1）。総数は795席あり，これだけの座席数を確保している図書館はなか

写真14-1　神奈川県大和市立図書館（シリウス）の閲覧スペース

なかない。座席予約をしなければならない図書館では、来館するのも億劫になるだろう。

館内では、老若男女、小学生から、高校生、成人、シルバー世代と、あらゆる世代がエスカレータで行き交っている（カバー写真）。この雰囲気はどこかで覚えがある。そう、さながらショッピングモールのようである。地方には、多くの専門店がテナントを出す大規模なショッピングモールがあり、とくに週末には多くの人々が集まり、一日ゆっくりと過ごしている。シリウスはこの雰囲気に似ている。

かつて「中小レポート」が、大図書館ではなく中小図書館こそ公共図書館であるといって、図書館関係者の意識を180°転換した。また、日野市立図書館が、図書館とは施設・建物ではなくサービスであることを自ら実証し、利用者に来てもらうのではなく、図書館サービスを利用者の元へ届けるよう発想を転換した。これから先の図書館界は、これらと同じくらい大きなパラダイム転換が必要になろう。図書館は、来館しなくても優れたサービスが受けられ、なお、来館すれば楽しく知的な高まりが感じられ、テーマパークのように子どもや大人が好んで来る場所……。新しい工夫により市民のこれまでとはちがった認識を呼び覚ます必要がある。これが、端的に、利用登録率に跳ね返るだろう。なんだかんだいっても、集客力のない図書館は説得力もない。逆に、集客力が高ければ、「ヒトも必要だろう」「カネも必要だろう」と考えてもらえるかもしれない。これからの皆さんの仕事である。

第3節　インターネット社会の進展と図書館

インターネットを使えば何でも調べられると思いこんでいる人は多い。「これからの社会、インターネットが有るから図書館なんか必要なくなるのでは」と、本気で考えている人も増えてきた。この傾向は若い人ほど高い。米国の図書館界でも、2000年前後、相対的にレファレンス質問の件数が減ったとして、危機感を抱いた時期があった。ちょっとした事実確認なら、グーグルのワンクリックで十分だろうし、わざわざ図書館に来てもらわなくても済む。しかし、インターネット上に膨大な数のホームページがある状況では、普通の検索技術ではなかなか適切な情報を取り出せなくなっているのも事実である[7]。図書館は、ワンクリックでは取り出せない問題を解決できるところというイメージを確立する必要がある。ただ、検索技術を身につけていない人（たとえば高齢の方）も大勢いるし、インターネットが使える端末をおくことにより、若い人々に気軽に利用しに来てもらうことも大事である。

それでも、インターネットには、Q and Aサイトのようなものがあって、質問をすればその方面の専門家が答えてくれるから、図書館がなくても困ることはないと考える人もいるだろう。インターネットは知識の宝庫と勘ちがいする人も多いにちがいない。知識の性質を考えればわかることだが（図14-2）、インターネット上にあるものは、一見知識のように見えるが、不特定多数の人々（専門家を含む）が個

| 知識 | 体系的 | ＝ | 蓄積性があり発展性がある |
| 情報 | 断片的 | ＝ | コンピュータに載りやすい |

図14-2　知識と情報のちがい

別にもっている情報を寄せ集めたものにすぎない。体系的に組み立てられたものではないので，学習を完結することにはならない。何でもインターネットで解決できると思っている人々には，知識と情報のちがいを示し，①図書館は古(いにしえ)から積み上げられた知識の上に存在していること，②知識は磐石ではなく流動するということ，③図書館ではインターネットとちがって新しい知識の位置づけが容易に明確になること，といった点に気づかせ，第4章でふれた「価値ある行為は正しい情報群の上に築かれる」ということを，丁寧に説明してわかってもらう必要がある。

第4節　新しい図書館サービスの創造

a．業務開発の種

　米国のニューヨーク公共図書館の1つであるSIBL（Science Industry & Business Library，科学産業商業図書館）を視察したとき，館内ではIT講習をやっていた。その内容は，わが国のIT講習によく見られるアプリケーションソフトのブラックボックス的な指導とはまったくちがう。"起業"のための情報をどう集めるか，そのためにインターネットをどう使うか，集めた情報の評価はどうかといった，"business"という目的に直に沿った実践的な講座であった。指導には経営学や商学の専門家があたるかと思うと，図書館員である。彼らは，仕事柄，情報の意義をよく知っており，使える情報の見極め，ちょっとした探索の手がかりなど，図書館員としての識別眼をもって，講座を運営するのである。ここには，第3章で見た「伝統的教科書的業務モデル」のどこにも入らない業務を自ら開発して，新しい顧客を獲得するたくましい図書館員がいる。

　わが国の図書館界でも，SIBLに範を取って，ビジネス支援というカテゴリーを創り出したが，これは現場のニーズに敏感だったある図書館長の功績である。某館長は，レファレンスに寄せられる質問のなかに，地元企業が必要とする情報のうち，図書館が提供できるものがあることに気がついた。ここから，「村おこし・町づくりに貢献する図書館」という発想が生まれた（本シリーズ第6巻『図書館サービス概論』第6章）。

　世のなかはどんどん動いているので，今後とも，レファレンス質問のなかに新種の"種"が舞い込む可能性がある。どんなに業務の外部化が進んだとしても，レファレンスサービスだけは中核の職員が担い，業務開発のヒントがそこにあると思って取り組む必要がある。重要なのは，市民に潜在しているニーズを先回りして掘り起こし，顕在化させる嗅覚とかセンスである。そうして開発した新しい業務を自らの職責となし，図書館員と図書館の存在意義に，また1つ重みに加えるのである。

　文部科学省が図書館職員の資格取得および研修に関しておこなった調査によれば，司書有資格者に専門職として求められる技術・能力は，「図書・資料検索などデータベースの利用能力」のほか，「図書・資料の選択能力」「利用者ニーズを的確に把握する能力」「事業計画等の企画・立案力」が上位であった[8]。司書は，新しい業務開発ができてこそ専門職といえることを示している。

b．移動図書館車の新たな活用

多くの公共図書館で親しまれてきた移動図書館であるが，近年廃止する図書館が増えている。埼玉県所沢市立図書館では，2005（平成17）年6月より，「コンビニエンスストア図書取次事業」を開始した。インターネットなどで予約した図書館の図書をコンビニで受け取れるというサービスである。背景に，2003（平成15）年10月より東京・神奈川・千葉・埼玉で始まったディーゼル車排ガス規制[9]がある。対象となった移動図書館車（いずみ号）の買い替えも検討されたが，予算の都合から移動図書館サービス自体を廃止し，同事業を始めることにした。また，コンビニは24時間利用することができ，開館時間延長への要望に応えられると考えられた。

「排ガス規制」をきっかけに，移動図書館サービスについて改めて考えた図書館は多い[10]。また，2011（平成23）年3月11日の東日本大震災では，他県から移動図書館の出動が検討されたものの，途中通過する自治体の排ガス規制により，断念せざるをえなかったという因縁もある。

図書館界では，図書館のないところに移動図書館を走らせ，ニーズがこれだけあるのだから，恒久的な図書館を建てるべきであるという戦略が功を奏してきた。これに照らせば，分館が整備されれば自ずとその役割は終わる。これが移動図書館の歴史的な使命である。所沢市やほかのいくつかの自治体においては，移動図書館の歴史的使命は終わったといえよう。もちろん，図書館未設置自治体や図書館活動の脆弱な自治体では，移動図書館の使命はこれからである。

東京都日野市立図書館を例にとると，2017（平成29年）度の個人貸出冊数160万7639冊のうち，移動図書館を通じた貸出冊数は2万1298冊で，その比率はわずか1.32％にすぎない[11]。図14-3[12]は，同図書館の個人貸出冊数と移動図書館による貸出冊数の推移である。個人貸出冊数に占める移動図書館による貸出冊数の比率は開館当初の100％（1965年度は移動図書館のみでサー

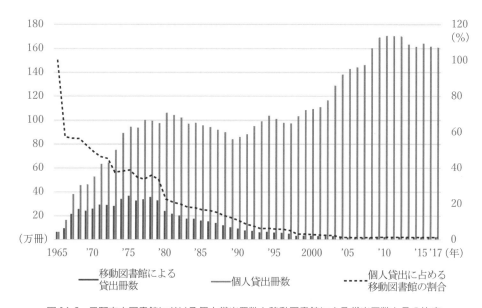

図14-3　日野市立図書館における個人貸出冊数と移動図書館による貸出冊数とその比率

ビスを始めた）から下降しており，10％を切ったのが1991（平成3）年度，2％を下回ったのが，2004（平成16）年度である。さまざまな愛着があるとしても，日野市立図書館のような成熟した図書館では，移動図書館の使命は終わったことを取り敢えず認めるべきである。そのうえで，今後は，移動図書館ならではの新しいサービスのあり方を模索すべきであろう[13]。

設問

(1) 図書館の集客力を高める方策を考え，グループで話し合い，その結果をまとめなさい。
(2) 移動図書館の歴史的使命が終わったと考えられる自治体において，移動図書館の再利用の方法がないかを考え，グループで話し合い，その結果をまとめなさい。

参考文献
1. 日本図書館情報学会研究委員会編『公共図書館運営の新たな動向』（わかる！図書館情報学シリーズ第5巻）勉誠出版，2018年
2. 「特集：図書館の未来」『現代思想』青土社，第46巻第18号，2018年12月号

注）
1) 文部科学省：これからの図書館の在り方検討協力者会議『これからの図書館像～地域を支える情報拠点をめざして～（報告）』，2006年3月，p.11。
2) 1970年の『市民の図書館』においても，無料貸本屋論に対する反論が載せられている（pp.37-38）。
3) 日本図書館協会『日本の図書館　統計と名簿　2018』2019年，p.23。
4) 日野市立図書館『人口・図書館登録者数』https://www.lib.city.hino.lg.jp/library/toukei/user.html（'19.1.30現在参照可）。
5) 株式会社シィー・ディー・アイ『諸外国の公共図書館に関する調査報告書』（平成16年度文部科学省委託事業　図書館の情報拠点化に関する調査研究），平成17年3月，p.163。
6) テレビ朝日2018年5月5日午後5時10分放送のニュース番組。
7) 西暦2000年頃，全世界のホームページは3億ページと試算されたことがある。それから3年ほどすると，30億となった。今は，混沌として考えもつかない。
8) 文部科学省生涯学習政策局社会教育課『図書館職員の資格取得及び研修に関する調査研究報告書』平成19年3月，p.117。
9) 「ディーゼル車の排ガス規制」は，以下の各都県の条例に盛り込まれている。東京都「都民の健康と安全を確保する環境に関する条例」（平成12年2月条例第215号），埼玉県「埼玉県生活環境保全条例」（平成13年7月条例第57号），千葉県「千葉県ディーゼル自動車から排出される粒子状物質の排出の抑制に関する条例」（平成14年3月条例第2号）および「千葉県環境保全条例」（平成7年3月条例第3号），神奈川県「神奈川県生活環境の保全に関する条例」（平成9年10月条例第35号）。
10) 「特集：がんばってます！移動図書館」『みんなの図書館』(402)，2010年10月，pp.1-43。
11) 日野市立図書館ホームページ『個人貸出数』(https://www.lib.city.hino.lg.jp/library/toukei/lending.html)および『個人貸出の施設別内訳』(https://www.lib.city.hino.lg.jp/library/toukei/institution.html)（'19.3.31現在参照可）。
12) 前掲より作成。
13) たとえば，日野市立図書館では，近隣の大学の学園祭などに出動し，いくつかのパネルとともに「ひまわり号」そのものを展示し，図書館活動のPRをおこなっている。

15 展望

　最終のこの章では，これから先，5年くらいを目途に，図書館界でどのようなことが起こりうるかについて述べることにする。未来予測に入ることなので"当たり外れ"があるかもしれないが，単なるSF的なストーリーではなく，これまでの図書館界の歴史や流れをふまえたうえでの合理的"予見"と考えていただければ幸いである。

第1節　指定管理者制度による図書館の増加

　従来，公の施設は，公による経営・管理が当然のことのように考えられてきたが，この考え方を打ち破り，新たな経営管理形態を可能としたのが，2003（平成15）年6月の地方自治法の改正である。指定管理者制度とは，公の施設の管理を自治体の直営に代わって民間の企業などがおこなう制度である（本シリーズ第5巻も参照）。指定管理者制度が適用される公の施設には，図15-1の社会教育施設のほか，公園，霊園，公立病院，高齢者施設，障害者施設，保育所，保養所，下水道，斎場，駐車場，駐輪場，林間学校などがある。

　文部科学省の社会教育調査[1]では，社会教育施設の管理形態に関する推移がわかる。同調査より作成した図15-1をみれば，指定管理者による管理がもっとも進んでいるのが「劇場・音楽堂等」で，次が「青少年教育施設」である。「図書館」は，これらの施設のうちで，指定管理者制度がさほど進んでいない部類に入る。

　図書館については，この制度に反対する意見も多くみられ，自治体の決定に対して，住民運動により撤回に追い込まれたケースもみられる。日本図書館協会は，「指定管理者制度を導入するか，しないかはそれぞれの自治体が，住民の意向を踏まえて決めること」としながらも，「導入

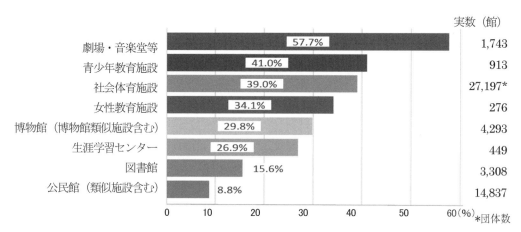

図 15-1　社会教育施設のうち指定管理者制度導入の割合

の手続きや方法，図書館の運営，職員の雇用など，多くの問題を抱えており」，「指定管理者制度は図書館にはなじまないと考え」[2])るとしている。

ただ，図書館経営に関し，「行政直営」が最適かといえば，必ずしもそうとはいえない場合も考えられる。行政直営の利点としては，①（予算が確保されれば）行政サービスとして徹底できる，②その図書館で培われた伝統（さまざまなサービスの創意工夫など）が途絶えることなく継承されていくなどである。逆に問題点として指摘されるのが，①行政には手続きがあり，新機軸・新企画の採用の動きが鈍い，②無駄・冗長があっても改善されにくく，"お役所仕事"に陥りやすい，③指定管理者が短期（3～5年）で変わる場合があり，あわせて，職員も総入替される場合があるなどがあげられる。

これらを考えると指定管理者制度が一概に悪いと決めつけるわけにもいかない。現実に，指定管理者になってよくなったという声の聞かれる図書館も出てきた。すべては，行政側の姿勢と指定管理者側の理念のもち方によって左右されるであろう。自治体側は，単なる予算削減の手段としてではなく，よりよい図書館サービスを提供するための方策として，また，指定管理者側は，単なる利益追求の手段ではなく，自分らの天職として生きがいとして図書館経営をおこなうという自覚をもてれば，指定管理者制度による図書館も生きたものとなるだろう。なお，指定管理者側も行政側も，『図書館の設置及び運営上の望ましい基準』（巻末資料6）の「第一　総則」の「三　運営の基本」の5をしっかりと念頭において活動してほしい。

図15-2は，先述の社会教育調査の結果から作成した指定管理者を導入した図書館の比率の推移予測である。2005～2015（平成7～27）年までほぼ一定の比率で増加しているので，2024年には，およそ3割程度の図書館が指定管理者になると予想される。仮に指定管理者制度が導入された場合，それ以前の行政直営の時代と比べて，サービスの質が落ちないかどうか，私たち利用者側は注視する必要がある。

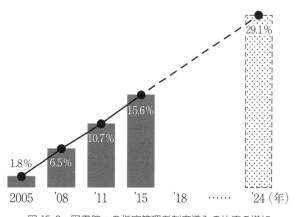

図15-2　図書館への指定管理者制度導入の比率の増加

第2節　文部科学省の組織改革

第11章で，2018年（平成30）年10月，文部科学省の大規模な機構改革がおこなわれたことにふれた。なぜ，この時期にという疑問が残るなか，文科省は，「総合教育政策局の設置について」（巻末資料11）[3)]という文書のなかで，次のようにうたった。

人生100年時代，超スマート社会（Society5.0），グローバル化や人口減少など社会構造は急速に変化しており，教育を取り巻く環境も大きく変化していくと考えられます。こうした変化に対応し，これをリードし，更に新しい価値を創造することのできる人間を育成していくためには，教育政策やその推進のための行政組織も不断に進化していかなければなりません。このことを踏まえ，教育分野の筆頭局として総合教育政策局を設置し，(1) 教育基本法に定める生涯学習の理念の実現に向け，（中略）(2) 人材育成，環境整備，事業支援といった視点から，生涯にわたる学び，地域における学び，「ともに生きる学び」を推進します。

　なお，図書館を統括する部署は総合教育政策局の「地域学習推進課」図書館担当係となる。同文書では，地域学習推進課のミッションを次のように説明している。

　人口減少社会において，活力ある社会を持続可能なものとするための鍵は，住民の主体的な社会参画にあります。住民一人一人の人生を豊かにする学習，少子高齢化や人口減少など地域が直面する課題の解決や地域活性化のための学習など「地域における学び」を学校教育とも連携しながら強力に推進します。また，学校や家庭との連携が不可欠な青少年教育及び家庭教育支援に関する業務を集約するとともに，社会教育・青少年教育・家庭教育支援等に関する団体との連携の強化や施設の活性化等にも取り組みます。

　要するに，少子高齢化・人口減少社会において，社会を活性化するため住民の持続可能な社会参加を押し進めることが地域学習推進課のミッションというのである。これが，図書館をはじめとする社会教育機関に対して，国が求める役割ということができる。
　人生100年時代，超高齢社会の進展のなかで，自ら学び，自ら人生を豊かにし，適切な社会参加をうながし，地域の課題を解決し，ひいては健康寿命（後述）を確保するという図書館の役割が見えるのだが，いうまでもなく，これらは特段新しいものではない。図書館界から生じた新しい試みとしては，認知症対策に図書館活動を結びつけはじめたことであろうか[4]。

第3節　超高齢社会の進展と図書館

a．超高齢社会

　高齢社会の進展を示すよく用いられる数字がある。総人口に対して65歳以上の人口が7％を超えると「高齢化社会」，同じく14％を超えると「高齢社会」，さらに，21％を超えると「超高齢社会」とされる[5]。これにしたがえば，わが国は，実質，1970（昭和45）年に「高齢化社会」，1995（平成7）年に「高齢社会」，2010（平成22）年に「超高齢社会」になった。
　高齢者とは一般に高年齢者であるが，法律用語では65歳以上75歳未満を「前期高齢者」（以下，単に高齢者），75歳以上を「後期高齢者」という。平成30（2018）年11月1日現在，わが国

の総人口は1億2623万人である。前期高齢者の人口は3560万人で，総人口に占める割合（高齢化率）は28.1％である。現在，わが国は，4人に1人が高齢者であるという現実に直面している。そのうち，後期高齢者の人口は1803万人で総人口の14.3％を占めている[6]。

内閣府が2013（平成25）年におこなった意識調査（年度ごとに調査テーマが異なる）では，「あなたは，一般的に高齢者とは，何歳以上だと思いますか。」という問いに対して，60歳以上（9.2％），65歳以上（22.1％），70歳以上（42.3％），75歳以上（15.1％），80歳以上（7.5％）と答えており，「70歳以上」がもっとも多い。現在の諸制度（たとえば，年金支給開始年齢など）が前期高齢者を対象としていることから，高齢者を65歳以上とすることに異論はないが，人々の意識は法令より先行しており，いずれ高齢者を70歳以上とする時代がやってくると考えられる。

b．2025年問題

わが国には，「団塊の世代」といわれるとくに人口の多い層がある。その団塊の世代が後期高齢者に入るのが2025年とされ，「2025年問題」（「問題」とは当事者にとってはたいへん失礼な言い方だが）といわれている。人口予測では，2025年の日本は，後期高齢者が人口の5分の1に達し，国民の3人に1人が前期高齢者になるとされている。高齢化の進行率が地球上のどの国よりも早く，人類がいまだかつて経験したことのないステージに入る。これはもう，超・超高齢社会といってよい段階である[7]。

超高齢社会ならではの問題も生じてくるだろう。わが国は核家族化が進み，単身世帯，夫婦二人世帯，夫婦老齢世帯が増加している。地方では若者の人口流出による老齢化，限界集落問題がいわれ，都市部では高齢者の単身独居，孤独死，老々介護などの問題が指摘される。

c．超高齢社会の日本の姿

最近，よくいわれるのが健康寿命である。健康寿命は「健康上の問題で日常生活が制限されることなく生活できる期間」[8]と定義され，他人からの介護を受けることなく元気に活動し，社会活動を積極的におこない，生きがいを感じることで健康寿命も延びていくことが知られている。

2015（平成27）年のわが国の平均寿命は，男性80.79歳，女性87.05歳で，世界トップクラスの長寿国である[9]。一方，わが国の平均健康寿命は，2013（平成25）年時点で，男性71.19歳，女性74.21歳で，これも世界トップクラスである。健康寿命を延ばし，平均寿命との差を縮めることは，個人の生活の質の低下を防ぐとともに，社会保障負担の軽減も期待できることから，国をあげて取り組むべき課題である。残念ながらその差を縮めることができていない。2001〜2013（平成13〜25）年にかけての12年間で，男性8.67歳→9.02歳，女性12.28歳→12.40歳とその差はむしろ広がっている[10]。

高齢者の社会参加の状況をみると（図15-3），何らかの社会活動をしている人の割合は30.1％（もっとも多いのが「自治会，町内会などの自治組織の活動」で18.9％）で，逆に，とくに活動していない人の割合が69.9％にのぼる[11]。この約7割の人々は，①社会活動をしたいと思っているが何らかの理由があってできない人々と，②社会活動をしたいとも思わない（意思がない）人々とに分かれる。前者の理由でもっとも多いのが，体力的にむずかしい（38.3％），時間的な余裕がない

Q1 あなたは現在，何らかの社会的な活動を行っていますか。あてはまるものをすべてお答えください。
Q2 （Q1を受けて）あなたが，現在，社会的な活動をしていない理由について，あてはまるものをすべてお答えください。

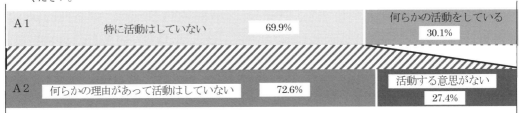

図 15-3 高齢者の社会参加の状況

(28.3%)，その他 (9.1%)，活動に関する情報がない (7.9%)，活動の誘いがない (7.5%)，精神的な負担が大きい (7.4%)，活動する仲間がいない (6.4%)，活動をおこなっている団体がない (6.2%) となっている。健康上の問題，時間的な問題以外は，何らかの情報提供がスムーズにおこなわれれば解決できそうな問題である。

根が深いのは，活動をする意思がない (27.4%) 人々で，これらの人々を分析すると，最終学歴については大学・短大・専門学校よりも高校，高校よりも小学校・中学校，そして，低所得，かつ，有業よりも無職で，社会参加の意思のない人が多くみられるという[12]。対処療法ではなく，早期から啓蒙活動をするなど，何らかの抜本的な施策が求められる部分であろう。

d．人生 100 年時代

先の文科省の文書にも登場し，また最近，テレビコマーシャルなどでもよく聞かれるようになった言葉が「人生 100 年時代」である。イギリスの研究で，2007（平成 19）年[13] に生まれた日本人の子どもは 107 歳まで生きる確率が 50% もあるといわれている[14]。人口の半数が 100 歳以上まで生き残るのであれば，確かに「人生 100 年時代」という言葉は絵空事ではないといえる。しかし，現時点で，100 歳以上の人々が，快適で豊かな文化的な暮らしができるかどうかは，まったく不透明である。それは，年金や介護といった社会制度の面からだけではなく，一人ひとりが，尊厳をもち，明るく元気に活動できるような健康寿命が確保できるかどうかにかかっている。

ここで図書館の出番である。人生 100 年時代における図書館の意義は大きい。図書館は，以前から高齢者サービス，シルバーサービスというジャンルを確立している。しかし，なお一層，人生 100 年時代にふさわしい図書館サービスを編み出していく必要がある。それは，高齢者の健康寿命を延ばすことにつながるものであろう。公民館とタイアップすることも考えてよい。身体活動に加えて，図書館が収集した知識に裏打ちされた活動を展開することが，超々高齢社会における新しい図書館のモデルとなるだろう。

第4節　第4次産業革命

a．社会ステージの変遷

2016（平成28）年8月，『日本経済新聞』の社説に次のような記事が掲載された。産業革命は蒸気機関の発明から始まり，これを第1次とすると，第2次産業革命は電力

図15-4　産業革命の変遷

であり，第3次産業革命はコンピュータである。現在は，第4次産業革命（industry 4.0）が起こりつつあり，これがロボット・人工知能であると（図15-4）[15]。

人類社会のステージの進展を表すこうした言及はほかにもある。国は科学技術振興法（平成7年11月15日法律第130号）を定め，5年に1度，「科学技術基本計画」を策定する。最新のものは，5期科学技術基本計画（平成28～32年度）である。この計画によれば，以下の決意が述べられている[16]。

「人々に豊かさをもたらす「超スマート社会」を未来社会の姿として共有し，その実現に向けた一連の取組を更に深化させつつ「Society 5.0」として強力に推進し，世界に先駆けて超スマート社会を実現していく。」

図15-5　社会ステージの変遷

「超スマート社会」という用語をつくり，「Society 5.0」と無理やり結びつけ，世界に先駆けて実現していくという意気込みはよいが，「イノベーション」「サイバー空間」「IoT」や「IoE」（Internet of Everything）といった言葉がちりばめられている。「超スマート社会」の定義[17]にいたっては，これがなぜスマートなのかよくわからないというのが正直な感想である。私たちは，こうした新しそうだが意味不明の言葉に踊らされ，浮足立ってはならない。

b．図書館と人工知能・ロボット

しかしながら，人工知能・ロボット技術の進展は確かに目を見張るものがある。人工知能という言葉もテレビコマーシャルでも何度となく聞かされるようになった。多くは家電製品レベルのものであるが，人工知能を搭載した人型ロボットも，すでに街角の店舗の入り口で見かけられるようになった。これらはいずれ図書館に取り入れられるようになろう。

人型ロボット「ペッパー」はすでに図書館で就業している（図15-6）[18]。その嚆矢は

```
2015（平成27）年9月     山梨県山中湖情報創造館
2016（平成28）年4月     福岡県福岡市総合図書館
            7月     東京都江戸川区立篠崎図書館
2017（平成29）年8月     山梨県立図書館
```
ペッパーを総合案内所に配置し，来館者の感情を読み取り，同館にある本のなかでおすすめのものを紹介するサービス

図15-6　人型ロボット「ペッパー」の図書館への導入

山梨県山中湖情報創造館とされる。

　いうまでもないが，図書館は新しいテクノロジーを拒絶してはならない。むしろ，どんどん取り込んで，図書館サービスをよりよく改善していくべきである。たとえば，つくば市立中央図書館が，ロボットスーツHAL®を導入し，大量の書籍などの上げ下ろしを伴う移動図書館業務に従事する図書館員が腰を痛めないよう活用を試みている[19]。

　シンガポールのInstitute for Infocomm Research（I2R）が，書架に並べた書籍用の管理ロボットを開発した。夜間，書架のあいだを自動的に移動し，書籍の有無などを確認して回ってくれる。これまで図書館員がおこなっていた蔵書点検や，図書の書架上の位置の確認（書架整理が楽になる）を自動化するものである。I2Rは，このロボットを使った技術が，倉庫や小売業，薬局などの在庫管理に応用できるとしており，モノのインターネット（Internet of Things：IoT）を超え，万物のインターネット（Internet of Everything：IoE）へ発展させられると考えているという[20]。

　現在のところ，これらの事例は，人工知能やロボットが潜在的にもつ可能性を十分に引き出しているとはいいにくい思われるところだが，こうした先駆的な試みがいくつも積み上がって，やがて本格的な図書館サービスの改善につながっていくことと確信している。

設問

(1) 超高齢社会における図書館の役割について，自分の考えを900字程度で述べなさい。
(2) 図書館の未来について，自分の考えを900字程度で述べなさい。

参考文献
1. 鑓水三千男，日本図書館協会図書館施策企画委員会編『図書館政策セミナー「法的視点から見た図書館と指定管理者制度の諸問題」講演録』日本図書館協会，2018年
2. リンダ・グラットン／アンドリュー・スコット著，池村千秋訳『ライフ・シフト』東洋経済新報社，2016年

注）
1) 文部科学省『平成27年度社会教育統計（社会教育調査報告書）の公表について』平成29年3月27日，http://www.mext.go.jp/component/b_menu/other/__icsFiles/afieldfile/2017/03/27/1378656_01.pdf（'19.3.31現在参照可）。
2) 日本図書館協会『公立図書館の指定管理者制度について—2016』パンフレット，2017年3月，p.1。なお，同協会が，指定管理者制度に反対する理由を次の5点にまとめている。①図書館法に基づいて設置する公立図書館は，教育委員会が管理する機関であり，法に示されている図書館運営やサービスをおこなうことは，自治体の責務である。したがって，②設置者（地方公共団体）が図書館の運営方針や事業計画を定め，図書館の運営について評価することが要請される。③法に基づき告示されている「図書館の設置及び運営上の望ましい基準」（平成24年12月19日文部科学省告示第172号）において，公立図書館は，事業の継続性，安定性のもとにサービスを計画し，適切な図書館評価をおこない，改善を図りながら運営することが求められている。④「ユネスコ公共図書館宣言1994年」においても，公共図書館のサービスは，社会的身分を問わず，すべての人が平等に利用できるという原則にもとづいて提供されることや，利用に関する費用は無料としていることなどから，地方および国の行政機関が責任をもつものとしている。ゆえに，⑤このような基本的性格に照らせば，公立図書館は，地方公共団体が直接運営することが基本であり，本来，図書館の管理をほかの者に行わせることは望ましいことではない。日本図書館協会『公立図書館の指定管理者制度について—

2016』,http://www.jla.or.jp/Portals/0/data/iinkai/seisakukikaku/ 公立図書館の指定管理者制度について―2016（パンフレット）.pdf（'19.3.31 現在参照可）。
3) 文部科学省総合教育政策局政策課「総合教育政策局の設置について」平成30年10月,http://www.mext.go.jp/a_menu/other/1410115.htm（'19.3.31 現在参照可）。
4) 結城俊也『認知症予防におすすめ図書館活用術　フレッシュ脳の保ち方』日外アソシエーツ,2017年。同『認知症予防におすすめ図書館活用術（2）　読書・朗読は脳のトレーニング』同,2018年など。
5) この数字は,複数の文献で国際連合が定義したものとされてきたが,根拠がみいだせないという。国立国会図書館『レファレンス協同データベース』「『高齢化社会』『高齢社会』『超高齢社会』はそれぞれ高齢者人口が何パーセントと定義されているか」2017年4月24日更新,http://crd.ndl.go.jp/reference/modules/d3ndlcrdentry/index.php?page=ref_view&id=1000187804（'19.3.31 現在参照可）。
6) 総務省統計局『人口推計（平成30年（2018年）11月確定値,平成31年（2019年）4月概算値）』2019年4月22日公表（'19.4.22 現在参照可）。
7) 政策研究大学院大学名誉教授の松谷明彦氏『週刊現代』2016年3月26日・4月2日合併号,認知症「1000万人」社会がやってくる！〜人類史上かつてない異常事態。残念ながら,もう手遅れです。『週刊現代』2015年11月21日号より。
8) 前掲。
9) 厚生労働省『平成28年版厚生労働白書（平成27年度厚生労働行政年次報告）―人口高齢化を乗り越える社会モデルを考える―』2016年10月,p.12。
10) 前掲。
11) 内閣府政策統括官（共生社会政策担当）『高齢者の経済・生活環境に関する調査結果』2017年3月,p.55,https://www8.cao.go.jp/kourei/ishiki/h28/sougou/zentai/pdf/sec_2_3_1.pdf（'19.3.31 現在参照可）。
12) 澤岡詩野「『いわゆる』社会貢献活動する意思を持たない高齢者の特徴」前掲内閣府統括官,p.91,https://www8.cao.go.jp/kourei/ishiki/h28/sougou/zentai/pdf/sec_3_2.pdf（'19.3.31 現在参照可）。
13) この年の1月9日,当時Apple社のCEOであったスティーブ・ジョブ氏がiPhone初代機を発表した。実際に店頭で発売されたのは同年6月29日。このため,2007年生まれの子どもたちは,生まれながらにスマートフォンとともに育った世代と象徴的に語られるようになった。
14) リンダ・グラットン,アンドリュー・スコット著,池村千秋訳『ライフ・シフト』東洋経済新聞社,2016年,「日本語版への序文」p.1,および,本文p.40。簡単にまとめれば,先進国全般の寿命は延びているが,そのなかでもトップが日本であるという。2位がフランス人のこどもで,104歳まで生きる確率が50％という。
15)「産業革命4.0が拓く未来――AI・ロボットと共生し価値創出を（社説）」『日本経済新聞』2016年8月12日付朝刊2面。
16) 2016（平成28）年1月22日閣議決定『科学技術基本計画』p.11。
17) 超スマート社会は次のように定義されている。「必要なもの・サービスを,必要な人に,必要な時に,必要なだけ提供し,社会の様々なニーズにきめ細やかに対応でき,あらゆる人が質の高いサービスを受けられ,年齢,性別,地域,言語といった様々な制約を乗り越え,活き活きと快適に暮らすことのできる社会」内閣府『超スマート社会の姿と超スマート社会に向けた取組について』第3回基盤技術の推進の在り方に関する検討会,平成27年10月13日,http://www8.cao.go.jp/cstp/tyousakai/kiban/3kai/siryo1.pdf（'19.3.31 現在参照可）。
18)「図書館職員ロボット：山中湖村で導入」『毎日新聞』2015年9月25日付地方版23面。また,「図書館職員見習いです　山中湖村,本棚紹介や朗読」『東京読売新聞』2015年10月3日付朝刊29面など。
19) HAL® 腰タイプは,脳から神経を通じて筋肉へ送られる信号を微弱な「生体電位信号」としてセンサーが読み取り,腰に装着した機体のモーターを動かすことで,人の動作を補助するもの。医学的・解剖学的観点からの解析・シミュレーションに基づき,腰部負荷を低減する機能を実現したウェアラブルロボット。つくば市経済部産業振興課「つくば市立中央図書館にロボットスーツHAL®を導入します！ 〜つくば市トライアル発注認定制度を活用して〜」2018（平成30）年7月31日,http://www.city.tsukuba.lg.jp/_res/projects/default_project/_page_/001/005/189/No81.pdf（'19.3.31 現在参照可）。
20)「図書館の書棚管理から司書を解放するロボット―夜間に自律走行して本棚をチェック」https://japan.cnet.com/article/35084742/（'19.3.31 現在参照可）。

巻末資料

資料1　図書館法
（第1, 4, 9, 11, 12, 14章関連）
昭和25年4月30日法律第118号
最終改正：平成29年5月31日法律第41号

第一章　総則

（この法律の目的）
第1条　この法律は，社会教育法（昭和24年法律第207号）の精神に基き，図書館の設置及び運営に関して必要な事項を定め，その健全な発達を図り，もつて国民の教育と文化の発展に寄与することを目的とする。

（定義）
第2条　この法律において「図書館」とは，図書，記録その他必要な資料を収集し，整理し，保存して，一般公衆の利用に供し，その教養，調査研究，レクリエーション等に資することを目的とする施設で，地方公共団体，日本赤十字社又は一般社団法人若しくは一般財団法人が設置するもの（学校に附属する図書館又は図書室を除く。）をいう。

2　前項の図書館のうち，地方公共団体の設置する図書館を公立図書館といい，日本赤十字社又は一般社団法人若しくは一般財団法人の設置する図書館を私立図書館という。

（図書館奉仕）
第3条　図書館は，図書館奉仕のため，土地の事情及び一般公衆の希望に沿い，更に学校教育を援助し，及び家庭教育の向上に資することとなるように留意し，おおむね次に掲げる事項の実施に努めなければならない。

一　郷土資料，地方行政資料，美術品，レコード及びフィルムの収集にも十分留意して，図書，記録，視聴覚教育の資料その他必要な資料（電磁的記録（電子的方式，磁気的方式その他人の知覚によつては認識することができない方式で作られた記録をいう。）を含む。以下「図書館資料」という。）を収集し，一般公衆の利用に供すること。

二　図書館資料の分類排列を適切にし，及びその目録を整備すること。

三　図書館の職員が図書館資料について十分な知識を持ち，その利用のための相談に応ずるようにすること。

四　他の図書館，国立国会図書館，地方公共団体の議会に附置する図書室及び学校に附属する図書館又は図書室と緊密に連絡し，協力し，図書館資料の相互貸借を行うこと。

五　分館，閲覧所，配本所等を設置し，及び自動車文庫，貸出文庫の巡回を行うこと。

六　読書会，研究会，鑑賞会，映写会，資料展示会等を主催し，及びこれらの開催を奨励すること。

七　時事に関する情報及び参考資料を紹介し，及び提供すること。

八　社会教育における学習の機会を利用して行つた学習の成果を活用して行う教育活動その他の活動の機会を提供し，及びその提供を奨励すること。

九　学校，博物館，公民館，研究所等と緊密に連絡し，協力すること。

（司書及び司書補）
第4条　図書館に置かれる専門的職員を司書及び司書補と称する。

2　司書は，図書館の専門的事務に従事する。

3　司書補は，司書の職務を助ける。

（司書及び司書補の資格）
第5条　次の各号のいずれかに該当する者は，司書となる資格を有する。

一　大学を卒業した者で大学において文部科学省令で定める図書館に関する科目を履修したもの

二　大学又は高等専門学校を卒業した者で次条の規定による司書の講習を修了したもの

三　次に掲げる職にあつた期間が通算して三年以上になる者で次条の規定による司書の講習を修了したもの
　イ　司書補の職
　ロ　国立国会図書館又は大学若しくは高等専門学校の附属図書館における職で司書補の職に相当するもの
　ハ　ロに掲げるもののほか，官公署，学校又は社会教育施設における職で社会教育主事，学芸員その他の司書補の職と同等以上の職として文部科学大臣が指定するもの

2　次の各号のいずれかに該当する者は，司書補となる資格を有する。

一　司書の資格を有する者

二　学校教育法（昭和22年法律第26号）第90条第1項の規定により大学に入学することのできる者で次条の規定による司書補の講習を修了したもの

（司書及び司書補の講習）
第6条　司書及び司書補の講習は，大学が，文部科学大臣の委嘱を受けて行う。

2　司書及び司書補の講習に関し，履修すべき科目，単位その他必要な事項は，文部科学省令で定める。ただし，その履修すべき単位数は，15単位を下ることができない。

（司書及び司書補の研修）
第7条　文部科学大臣及び都道府県の教育委員会は，司書及び司書補に対し，その資質の向上のために必要な研修を行うよう努めるものとする。
（設置及び運営上望ましい基準）
第7条の2　文部科学大臣は，図書館の健全な発達を図るために，図書館の設置及び運営上望ましい基準を定め，これを公表するものとする。
（運営の状況に関する評価等）
第7条の3　図書館は，当該図書館の運営の状況について評価を行うとともに，その結果に基づき図書館の運営の改善を図るため必要な措置を講ずるよう努めなければならない。
（運営の状況に関する情報の提供）
第7条の4　図書館は，当該図書館の図書館奉仕に関する地域住民その他の関係者の理解を深めるとともに，これらの者との連携及び協力の推進に資するため，当該図書館の運営の状況に関する情報を積極的に提供するよう努めなければならない。
（協力の依頼）
第8条　都道府県の教育委員会は，当該都道府県内の図書館奉仕を促進するために，市（特別区を含む。以下同じ。）町村の教育委員会に対し，総合目録の作製，貸出文庫の巡回，図書館資料の相互貸借等に関して協力を求めることができる。
（公の出版物の収集）
第9条　政府は，都道府県の設置する図書館に対し，官報その他一般公衆に対する広報の用に供せられる独立行政法人国立印刷局の刊行物を二部提供するものとする。
2　国及び地方公共団体の機関は，公立図書館の求めに応じ，これに対して，それぞれの発行する刊行物その他の資料を無償で提供することができる。

第二章　公立図書館

（設置）
第10条　公立図書館の設置に関する事項は，当該図書館を設置する地方公共団体の条例で定めなければならない。
第11条及び第12条　削除
（職員）
第13条　公立図書館に館長並びに当該図書館を設置する地方公共団体の教育委員会が必要と認める専門的職員，事務職員及び技術職員を置く。
2　館長は，館務を掌理し，所属職員を監督して，図書館奉仕の機能の達成に努めなければならない。
（図書館協議会）
第14条　公立図書館に図書館協議会を置くことができる。
2　図書館協議会は，図書館の運営に関し館長の諮問に応ずるとともに，図書館の行う図書館奉仕につき，館長に対して意見を述べる機関とする。

第15条　図書館協議会の委員は，当該図書館を設置する地方公共団体の教育委員会が任命する。
第16条　図書館協議会の設置，その委員の任命の基準，定数及び任期その他図書館協議会に関し必要な事項については，当該図書館を設置する地方公共団体の条例で定めなければならない。この場合において，委員の任命の基準については，文部科学省令で定める基準を参酌するものとする。
（入館料等）
第17条　公立図書館は，入館料その他図書館資料の利用に対するいかなる対価をも徴収してはならない。
第18条及び第19条　削除
（図書館の補助）
第20条　国は，図書館を設置する地方公共団体に対し，予算の範囲内において，図書館の施設，設備に要する経費その他必要な経費の一部を補助することができる。
2　前項の補助金の交付に関し必要な事項は，政令で定める。
第21条及び第22条　削除
第23条　国は，第20条の規定による補助金の交付をした場合において，左の各号の一に該当するときは，当該年度におけるその後の補助金の交付をやめるとともに，既に交付した当該年度の補助金を返還させなければならない。
一　図書館がこの法律の規定に違反したとき。
二　地方公共団体が補助金の交付の条件に違反したとき。
三　地方公共団体が虚偽の方法で補助金の交付を受けたとき。

第三章　私立図書館

第24条　削除
（都道府県の教育委員会との関係）
第25条　都道府県の教育委員会は，私立図書館に対し，指導資料の作製及び調査研究のために必要な報告を求めることができる。
2　都道府県の教育委員会は，私立図書館に対し，その求めに応じて，私立図書館の設置及び運営に関して，専門的，技術的な指導又は助言を与えることができる。
（国及び地方公共団体との関係）
第26条　国及び地方公共団体は，私立図書館の事業に干渉を加え，又は図書館を設置する法人に対し，補助金を交付してはならない。
第27条　国及び地方公共団体は，私立図書館に対し，その求めに応じて，必要な物資の確保につき，援助を与えることができる。
（入館料等）
第28条　私立図書館は，入館料その他図書館資料の利用に対する対価を徴収することができる。

(図書館同種施設)
第29条　図書館と同種の施設は，何人もこれを設置することができる。
2　第25条第2項の規定は，前項の施設について準用する。
附　則　（略）

資料2　社会教育法（一部）
（第4, 9, 11章関連）
昭和24年法律第207号
最終更新：平成29年3月31日法律第5号

目次
第一章　総則（第1条－第9条）
第二章　社会教育主事等（第9条の2－第9条の7）
第三章　社会教育関係団体（第10条－第14条）
第四章　社会教育委員（第15条－第19条）
第五章　公民館（第20条－第42条）
第六章　学校施設の利用（第43条－第48条）
第七章　通信教育（第49条－第57条）
附則

第一章　総則

(この法律の目的)
第1条　この法律は，教育基本法（平成18年法律第120号）の精神に則り，社会教育に関する国及び地方公共団体の任務を明らかにすることを目的とする。

(社会教育の定義)
第2条　この法律において「社会教育」とは，学校教育法（昭和22年法律第26号）又は就学前の子どもに関する教育，保育等の総合的な提供の推進に関する法律（平成18年法律第77号）に基づき，学校の教育課程として行われる教育活動を除き，主として青少年及び成人に対して行われる組織的な教育活動（体育及びレクリエーションの活動を含む。）をいう。

(国及び地方公共団体の任務)
第3条　国及び地方公共団体は，この法律及び他の法令の定めるところにより，社会教育の奨励に必要な施設の設置及び運営，集会の開催，資料の作製，頒布その他の方法により，すべての国民があらゆる機会，あらゆる場所を利用して，自ら実際生活に即する文化的教養を高め得るような環境を醸成するように努めなければならない。
2　国及び地方公共団体は，前項の任務を行うに当つては，国民の学習に対する多様な需要を踏まえ，これに適切に対応するために必要な学習の機会の提供及びその奨励を行うことにより，生涯学習の振興に寄与することとなるよう努めるものとする。
3　国及び地方公共団体は，第一項の任務を行うに当つては，社会教育が学校教育及び家庭教育との密接な関連性を有することにかんがみ，学校教育との連携の確保に努め，及び家庭教育の向上に資することとなるよう必要な配慮をするとともに，学校，家庭及び地域住民その他の関係者相互間の連携及び協力の促進に資することとなるよう努めるものとする。

(国の地方公共団体に対する援助)
第4条　前条第一項の任務を達成するために，国は，この法律及び他の法令の定めるところにより，地方公共団体に対し，予算の範囲内において，財政的援助並びに物資の提供及びそのあつせんを行う。

(市町村の教育委員会の事務)
第5条　市（特別区を含む。以下同じ。）町村の教育委員会は，社会教育に関し，当該地方の必要に応じ，予算の範囲内において，次の事務を行う。
一　社会教育に必要な援助を行うこと。
二　社会教育委員の委嘱に関すること。
三　公民館の設置及び管理に関すること。
四　所管に属する図書館，博物館，青年の家その他の社会教育施設の設置及び管理に関すること。
五　所管に属する学校の行う社会教育のための講座の開設及びその奨励に関すること。
六　講座の開設及び討論会，講習会，講演会，展示会その他の集会の開催並びにこれらの奨励に関すること。
七　家庭教育に関する学習の機会を提供するための講座の開設及び集会の開催並びに家庭教育に関する情報の提供並びにこれらの奨励に関すること。
八　職業教育及び産業に関する科学技術指導のための集会の開催並びにその奨励に関すること。
九　生活の科学化の指導のための集会の開催及びその奨励に関すること。
十　情報化の進展に対応して情報の収集及び利用を円滑かつ適正に行うために必要な知識又は技能に関する学習の機会を提供するための講座の開設及び集会の開催並びにこれらの奨励に関すること。
十一　運動会，競技会その他体育指導のための集会の開催及びその奨励に関すること。
十二　音楽，演劇，美術その他芸術の発表会等の開催及びその奨励に関すること。
十三　主として学齢児童及び学齢生徒（それぞれ学校教育法第18条に規定する学齢児童及び学齢生徒をいう。）に対し，学校の授業の終了後又は休業日において学校，社会教育施設その他適切な施設を利用して行う学習その他の活動の機会を提供する事業の実施並びにその奨励に関すること。
十四　青少年に対しボランティア活動など社会奉仕体験活動，自然体験活動その他の体験活動の機会を提供する事業の実施及びその奨励に関すること。
十五　社会教育における学習の機会を利用して行つた学習の成果を活用して学校，社会教育施設その

他地域において行う教育活動その他の活動の機会を提供する事業の実施及びその奨励に関すること。
十六　社会教育に関する情報の収集，整理及び提供に関すること。
十七　視聴覚教育，体育及びレクリエーションに必要な設備，器材及び資料の提供に関すること。
十八　情報の交換及び調査研究に関すること。
十九　その他第3条第1項の任務を達成するために必要な事務
2　市町村の教育委員会は，前項第十三号から第十五号までに規定する活動であつて地域住民その他の関係者（以下この項及び第9条の7第2項において「地域住民等」という。）が学校と協働して行うもの（以下「地域学校協働活動」という。）の機会を提供する事業を実施するに当たつては，地域住民等の積極的な参加を得て当該地域学校協働活動が学校との適切な連携の下に円滑かつ効果的に実施されるよう，地域住民等と学校との連携協力体制の整備，地域学校協働活動に関する普及啓発その他の必要な措置を講ずるものとする。

（都道府県の教育委員会の事務）
第6条　都道府県の教育委員会は，社会教育に関し，当該地方の必要に応じ，予算の範囲内において，前条第1項各号の事務（同項第三号の事務を除く。）を行うほか，次の事務を行う。
　一　公民館及び図書館の設置及び管理に関し，必要な指導及び調査を行うこと。
　二　社会教育を行う者の研修に必要な施設の設置及び運営，講習会の開催，資料の配布等に関すること。
　三　社会教育施設の設置及び運営に必要な物資の提供及びそのあつせんに関すること。
　四　市町村の教育委員会との連絡に関すること。
　五　その他法令によりその職務権限に属する事項
2　前条第2項の規定は，都道府県の教育委員会が地域学校協働活動の機会を提供する事業を実施する場合に準用する。

（教育委員会と地方公共団体の長との関係）
第7条　地方公共団体の長は，その所掌事項に関する必要な広報宣伝で視聴覚教育の手段を利用しその他教育の施設及び手段によることを適当とするものにつき，教育委員会に対し，その実施を依頼し，又は実施の協力を求めることができる。
2　前項の規定は，他の行政庁がその所掌に関する必要な広報宣伝につき，教育委員会に対し，その実施を依頼し，又は実施の協力を求める場合に準用する。
第8条　教育委員会は，社会教育に関する事務を行うために必要があるときは，当該地方公共団体の長及び関係行政庁に対し，必要な資料の提供その他の協力を求めることができる。

（図書館及び博物館）
第9条　図書館及び博物館は，社会教育のための機関とする。
2　図書館及び博物館に関し必要な事項は，別に法律をもつて定める。

第二章　社会教育主事等

（社会教育主事及び社会教育主事補の設置）
第9条の2　都道府県及び市町村の教育委員会の事務局に，社会教育主事を置く。
2　都道府県及び市町村の教育委員会の事務局に，社会教育主事補を置くことができる。

（社会教育主事及び社会教育主事補の職務）
第9条の3　社会教育主事は，社会教育を行う者に専門的技術的な助言と指導を与える。ただし，命令及び監督をしてはならない。
2　社会教育主事は，学校が社会教育関係団体，地域住民その他の関係者の協力を得て教育活動を行う場合には，その求めに応じて，必要な助言を行うことができる。
3　社会教育主事補は，社会教育主事の職務を助ける。

（社会教育主事の資格）
第9条の4　次の各号のいずれかに該当する者は，社会教育主事となる資格を有する。
　一　大学に2年以上在学して62単位以上を修得し，又は高等専門学校を卒業し，かつ，次に掲げる期間を通算した期間が3年以上になる者で，次条の規定による社会教育主事の講習を修了したもの
　　イ　社会教育主事補の職にあつた期間
　　ロ　官公署，学校，社会教育施設又は社会教育関係団体における職で司書，学芸員その他の社会教育主事補の職と同等以上の職として文部科学大臣の指定するものにあつた期間
　　ハ　官公署，学校，社会教育施設又は社会教育関係団体が実施する社会教育に関係のある事業における業務であつて，社会教育主事として必要な知識又は技能の習得に資するものとして文部科学大臣が指定するものに従事した期間（イ又はロに掲げる期間に該当する期間を除く。）
　二　教育職員の普通免許状を有し，かつ，5年以上文部科学大臣の指定する教育に関する職にあつた者で，次条の規定による社会教育主事の講習を修了したもの
　三　大学に2年以上在学して，62単位以上を修得し，かつ，大学において文部科学省令で定める社会教育に関する科目の単位を修得した者で，第一号イからハまでに掲げる期間を通算した期間が1年以上になるもの
　四　次条の規定による社会教育主事の講習を修了した者（第一号及び第二号に掲げる者を除く。）で，社会教育に関する専門的事項について前三号に掲

げる者に相当する教養と経験があると都道府県の教育委員会が認定したもの

(社会教育主事の講習)
第9条の5 社会教育主事の講習は,文部科学大臣の委嘱を受けた大学その他の教育機関が行う。
2 受講資格その他社会教育主事の講習に関し必要な事項は,文部科学省令で定める。

(社会教育主事及び社会教育主事補の研修)
第9条の6 社会教育主事及び社会教育主事補の研修は,任命権者が行うもののほか,文部科学大臣及び都道府県が行う。

(地域学校協働活動推進員)
第9条の7 教育委員会は,地域学校協働活動の円滑かつ効果的な実施を図るため,社会的信望があり,かつ,地域学校協働活動の推進に熱意と識見を有する者のうちから,地域学校協働活動推進員を委嘱することができる。
2 地域学校協働活動推進員は,地域学校協働活動に関する事項につき,教育委員会の施策に協力して,地域住民等と学校との間の情報の共有を図るとともに,地域学校協働活動を行う地域住民等に対する助言その他の援助を行う。

(以下,略)

資料3　教育基本法（第4章関連）

平成18年12月12日法律第120号

教育基本法(昭和22年法律第25号)の全部を改正する。

我々日本国民は,たゆまぬ努力によって築いてきた民主的で文化的な国家を更に発展させるとともに,世界の平和と人類の福祉の向上に貢献することを願うものである。

我々は,この理想を実現するため,個人の尊厳を重んじ,真理と正義を希求し,公共の精神を尊び,豊かな人間性と創造性を備えた人間の育成を期するとともに,伝統を継承し,新しい文化の創造を目指す教育を推進する。

ここに,我々は,日本国憲法の精神にのっとり,我が国の未来を切り拓く教育の基本を確立し,その振興を図るため,この法律を制定する。

第一章　教育の目的及び理念

(教育の目的)
第1条 教育は,人格の完成を目指し,平和で民主的な国家及び社会の形成者として必要な資質を備えた心身ともに健康な国民の育成を期して行われなければならない。

(教育の目標)
第2条 教育は,その目的を実現するため,学問の自由を尊重しつつ,次に掲げる目標を達成するよう行われるものとする。
一 幅広い知識と教養を身に付け,真理を求める態度を養い,豊かな情操と道徳心を培うとともに,健やかな身体を養うこと。
二 個人の価値を尊重して,その能力を伸ばし,創造性を培い,自主及び自律の精神を養うとともに,職業及び生活との関連を重視し,勤労を重んずる態度を養うこと。
三 正義と責任,男女の平等,自他の敬愛と協力を重んずるとともに,公共の精神に基づき,主体的に社会の形成に参画し,その発展に寄与する態度を養うこと。
四 生命を尊び,自然を大切にし,環境の保全に寄与する態度を養うこと。
五 伝統と文化を尊重し,それらをはぐくんできた我が国と郷土を愛するとともに,他国を尊重し,国際社会の平和と発展に寄与する態度を養うこと。

(生涯学習の理念)
第3条 国民一人一人が,自己の人格を磨き,豊かな人生を送ることができるよう,その生涯にわたって,あらゆる機会に,あらゆる場所において学習することができ,その成果を適切に生かすことのできる社会の実現が図られなければならない。

(教育の機会均等)
第4条 すべて国民は,ひとしく,その能力に応じた教育を受ける機会を与えられなければならず,人種,信条,性別,社会的身分,経済的地位又は門地によって,教育上差別されない。
2 国及び地方公共団体は,障害のある者が,その障害の状態に応じ,十分な教育を受けられるよう,教育上必要な支援を講じなければならない。
3 国及び地方公共団体は,能力があるにもかかわらず,経済的理由によって修学が困難な者に対して,奨学の措置を講じなければならない。

第二章　教育の実施に関する基本

(義務教育)
第5条 国民は,その保護する子に,別に法律で定めるところにより,普通教育を受けさせる義務を負う。
2 義務教育として行われる普通教育は,各個人の有する能力を伸ばしつつ社会において自立的に生きる基礎を培い,また,国家及び社会の形成者として必要とされる基本的な資質を養うことを目的として行われるものとする。
3 国及び地方公共団体は,義務教育の機会を保障し,その水準を確保するため,適切な役割分担及び相互の協力の下,その実施に責任を負う。
4 国又は地方公共団体の設置する学校における義務教育については,授業料を徴収しない。

(学校教育)

第6条　法律に定める学校は，公の性質を有するものであって，国，地方公共団体及び法律に定める法人のみが，これを設置することができる。

2　前項の学校においては，教育の目標が達成されるよう，教育を受ける者の心身の発達に応じて，体系的な教育が組織的に行われなければならない。この場合において，教育を受ける者が，学校生活を営む上で必要な規律を重んずるとともに，自ら進んで学習に取り組む意欲を高めることを重視して行われなければならない。

（大学）

第7条　大学は，学術の中心として，高い教養と専門的能力を培うとともに，深く真理を探究して新たな知見を創造し，これらの成果を広く社会に提供することにより，社会の発展に寄与するものとする。

2　大学については，自主性，自律性その他の大学における教育及び研究の特性が尊重されなければならない。

（私立学校）

第8条　私立学校の有する公の性質及び学校教育において果たす重要な役割にかんがみ，国及び地方公共団体は，その自主性を尊重しつつ，助成その他の適当な方法によって私立学校教育の振興に努めなければならない。

（教員）

第9条　法律に定める学校の教員は，自己の崇高な使命を深く自覚し，絶えず研究と修養に励み，その職責の遂行に努めなければならない。

2　前項の教員については，その使命と職責の重要性にかんがみ，その身分は尊重され，待遇の適正が期せられるとともに，養成と研修の充実が図られなければならない。

（家庭教育）

第10条　父母その他の保護者は，子の教育について第一義的責任を有するものであって，生活のために必要な習慣を身に付けさせるとともに，自立心を育成し，心身の調和のとれた発達を図るよう努めるものとする。

2　国及び地方公共団体は，家庭教育の自主性を尊重しつつ，保護者に対する学習の機会及び情報の提供その他の家庭教育を支援するために必要な施策を講ずるよう努めなければならない。

（幼児期の教育）

第11条　幼児期の教育は，生涯にわたる人格形成の基礎を培う重要なものであることにかんがみ，国及び地方公共団体は，幼児の健やかな成長に資する良好な環境の整備その他適当な方法によって，その振興に努めなければならない。

（社会教育）

第12条　個人の要望や社会の要請にこたえ，社会において行われる教育は，国及び地方公共団体によって奨励されなければならない。

2　国及び地方公共団体は，図書館，博物館，公民館その他の社会教育施設の設置，学校の施設の利用，学習の機会及び情報の提供その他の適当な方法によって社会教育の振興に努めなければならない。

（学校，家庭及び地域住民等の相互の連携協力）

第13条　学校，家庭及び地域住民その他の関係者は，教育におけるそれぞれの役割と責任を自覚するとともに，相互の連携及び協力に努めるものとする。

（政治教育）

第14条　良識ある公民として必要な政治的教養は，教育上尊重されなければならない。

2　法律に定める学校は，特定の政党を支持し，又はこれに反対するための政治教育その他政治的活動をしてはならない。

（宗教教育）

第15条　宗教に関する寛容の態度，宗教に関する一般的な教養及び宗教の社会生活における地位は，教育上尊重されなければならない。

2　国及び地方公共団体が設置する学校は，特定の宗教のための宗教教育その他宗教的活動をしてはならない。

第三章　教育行政

（教育行政）

第16条　教育は，不当な支配に服することなく，この法律及び他の法律の定めるところにより行われるべきものであり，教育行政は，国と地方公共団体との適切な役割分担及び相互の協力の下，公正かつ適正に行われなければならない。

2　国は，全国的な教育の機会均等と教育水準の維持向上を図るため，教育に関する施策を総合的に策定し，実施しなければならない。

3　地方公共団体は，その地域における教育の振興を図るため，その実情に応じた教育に関する施策を策定し，実施しなければならない。

4　国及び地方公共団体は，教育が円滑かつ継続的に実施されるよう，必要な財政上の措置を講じなければならない。

（教育振興基本計画）

第17条　政府は，教育の振興に関する施策の総合的かつ計画的な推進を図るため，教育の振興に関する施策についての基本的な方針及び講ずべき施策その他必要な事項について，基本的な計画を定め，これを国会に報告するとともに，公表しなければならない。

2　地方公共団体は，前項の計画を参酌し，その地域の実情に応じ，当該地方公共団体における教育の振興のための施策に関する基本的な計画を定めるよう努めなければならない。

第四章　法令の制定

第18条　この法律に規定する諸条項を実施するため，

必要な法令が制定されなければならない。
附則（略）

資料4　日本国憲法（一部）
（第4,13章関連）
昭和21年11月3日公布
昭和22年5月3日施行

　日本国民は，正当に選挙された国会における代表者を通じて行動し，われらとわれらの子孫のために，諸国民との協和による成果と，わが国全土にわたつて自由のもたらす恵沢を確保し，政府の行為によつて再び戦争の惨禍が起ることのないやうにすることを決意し，ここに主権が国民に存することを宣言し，この憲法を確定する。そもそも国政は，国民の厳粛な信託によるものであつて，その権威は国民に由来し，その権力は国民の代表者がこれを行使し，その福利は国民がこれを享受する。これは人類普遍の原理であり，この憲法は，かかる原理に基くものである。われらは，これに反する一切の憲法，法令及び詔勅を排除する。
　日本国民は，恒久の平和を念願し，人間相互の関係を支配する崇高な理想を深く自覚するのであつて，平和を愛する諸国民の公正と信義に信頼して，われらの安全と生存を保持しようと決意した。われらは，平和を維持し，専制と隷従，圧迫と偏狭を地上から永遠に除去しようと努めてゐる国際社会において，名誉ある地位を占めたいと思ふ。われらは，全世界の国民が，ひとしく恐怖と欠乏から免かれ，平和のうちに生存する権利を有することを確認する。
　われらは，いづれの国家も，自国のことのみに専念して他国を無視してはならないのであつて，政治道徳の法則は，普遍的なものであり，この法則に従ふことは，自国の主権を維持し，他国と対等関係に立とうとする各国の責務であると信ずる。
　日本国民は，国家の名誉にかけ，全力をあげてこの崇高な理想と目的を達成することを誓ふ。

第1章　天皇（第1条～第8条）（略）
第2章　戦争の放棄

第9条　日本国民は，正義と秩序を基調とする国際平和を誠実に希求し，国権の発動たる戦争と，武力による威嚇又は武力の行使は，国際紛争を解決する手段としては，永久にこれを放棄する。
2　前項の目的を達するため，陸海空軍その他の戦力は，これを保持しない。国の交戦権は，これを認めない。

第3章　国民の権利及び義務

第10条　日本国民たる要件は，法律でこれを定める。
第11条　国民は，すべての基本的人権の享有を妨げられない。この憲法が国民に保障する基本的人権は，侵すことのできない永久の権利として，現在及び将来の国民に与へられる。
第12条　この憲法が国民に保障する自由及び権利は，国民の不断の努力によつて，これを保持しなければならない。又，国民は，これを濫用してはならないのであつて，常に公共の福祉のためにこれを利用する責任を負ふ。
第13条　すべて国民は，個人として尊重される。生命，自由及び幸福追求に対する国民の権利については，公共の福祉に反しない限り，立法その他の国政の上で，最大の尊重を必要とする。
第14条　すべて国民は，法の下に平等であつて，人種，信条，性別，社会的身分又は門地により，政治的，経済的又は社会的関係において，差別されない。
2　華族その他の貴族の制度は，これを認めない。
3　栄誉，勲章その他の栄典の授与は，いかなる特権も伴はない。栄典の授与は，現にこれを有し，又は将来これを受ける者の一代に限り，その効力を有する。
第15条　公務員を選定し，及びこれを罷免することは，国民固有の権利である。
2　すべて公務員は，全体の奉仕者であつて，一部の奉仕者ではない。
3　公務員の選挙については，成年者による普通選挙を保障する。
4　すべて選挙における投票の秘密は，これを侵してはならない。選挙人は，その選択に関し公的にも私的にも責任を問はれない。
第16条　何人も，損害の救済，公務員の罷免，法律，命令又は規則の制定，廃止又は改正その他の事項に関し，平穏に請願する権利を有し，何人も，かかる請願をしたためにいかなる差別待遇も受けない。
第17条　何人も，公務員の不法行為により，損害を受けたときは，法律の定めるところにより，国又は公共団体に，その賠償を求めることができる。
第18条　何人も，いかなる奴隷的拘束も受けない。又，犯罪に因る処罰の場合を除いては，その意に反する苦役に服させられない。
第19条　思想及び良心の自由は，これを侵してはならない。
第20条　信教の自由は，何人に対してもこれを保障する。いかなる宗教団体も，国から特権を受け，又は政治上の権力を行使してはならない。
2　何人も，宗教上の行為，祝典，儀式又は行事に参加することを強制されない。
3　国及びその機関は，宗教教育その他いかなる宗教的活動もしてはならない。
第21条　集会，結社及び言論，出版その他一切の表現の自由は，これを保障する。
2　検閲は，これをしてはならない。通信の秘密は，これを侵してはならない。
第22条　何人も，公共の福祉に反しない限り，居住，移転及び職業選択の自由を有する。
2　何人も，外国に移住し，又は国籍を離脱する自由

を侵されない。

第23条　学問の自由は，これを保障する。

第24条　婚姻は，両性の合意のみに基いて成立し，夫婦が同等の権利を有することを基本として，相互の協力により，維持されなければならない。

2　配偶者の選択，財産権，相続，住居の選定，離婚並びに婚姻及び家族に関するその他の事項に関しては，法律は，個人の尊厳と両性の本質的平等に立脚して，制定されなければならない。

第25条　すべて国民は，健康で文化的な最低限度の生活を営む権利を有する。

2　国は，すべての生活部面について，社会福祉，社会保障及び公衆衛生の向上及び増進に努めなければならない。

第26条　すべて国民は，法律の定めるところにより，その能力に応じて，ひとしく教育を受ける権利を有する。

2　すべて国民は，法律の定めるところにより，その保護する子女に普通教育を受けさせる義務を負ふ。義務教育は，これを無償とする。

第27条　すべて国民は，勤労の権利を有し，義務を負ふ。

2　賃金，就業時間，休息その他の勤労条件に関する基準は，法律でこれを定める。

3　児童は，これを酷使してはならない。

第28条　勤労者の団結する権利及び団体交渉その他の団体行動をする権利は，これを保障する。

第29条　財産権は，これを侵してはならない。

2　財産権の内容は，公共の福祉に適合するやうに，法律でこれを定める。

3　私有財産は，正当な補償の下に，これを公共のために用ひることができる。

第30条　国民は，法律の定めるところにより，納税の義務を負ふ。

第31条　何人も，法律の定める手続によらなければ，その生命若しくは自由を奪はれ，又はその他の刑罰を科せられない。

第32条　何人も，裁判所において裁判を受ける権利を奪はれない。

第33条　何人も，現行犯として逮捕される場合を除いては，権限を有する司法官憲が発し，且つ理由となつてゐる犯罪を明示する令状によらなければ，逮捕されない。

第34条　何人も，理由を直ちに告げられ，且つ，直ちに弁護人に依頼する権利を与へられなければ，抑留又は拘禁されない。又，何人も，正当な理由がなければ，拘禁されず，要求があれば，その理由は，直ちに本人及びその弁護人の出席する公開の法廷で示されなければならない。

第35条　何人も，その住居，書類及び所持品について，侵入，捜索及び押収を受けることのない権利は，第33条の場合を除いては，正当な理由に基いて発せられ，且つ捜索する場所及び押収する物を明示する令状がなければ，侵されない。

2　捜索又は押収は，権限を有する司法官憲が発する各別の令状により，これを行ふ。

第36条　公務員による拷問及び残虐な刑罰は，絶対にこれを禁ずる。

第37条　すべて刑事事件においては，被告人は，公平な裁判所の迅速な公開裁判を受ける権利を有する。

2　刑事被告人は，すべての証人に対して審問する機会を充分に与へられ，又，公費で自己のために強制的手続により証人を求める権利を有する。

3　刑事被告人は，いかなる場合にも，資格を有する弁護人を依頼することができる。被告人が自らこれを依頼することができないときは，国でこれを附する。

第38条　何人も，自己に不利益な供述を強要されない。

2　強制，拷問若しくは脅迫による自白又は不当に長く抑留若しくは拘禁された後の自白は，これを証拠とすることができない。

3　何人も，自己に不利益な唯一の証拠が本人の自白である場合には，有罪とされ，又は刑罰を科せられない。

第39条　何人も，実行の時に適法であつた行為又は既に無罪とされた行為については，刑事上の責任を問はれない。又，同一の犯罪について，重ねて刑事上の責任を問はれない。

第40条　何人も，抑留又は拘禁された後，無罪の裁判を受けたときは，法律の定めるところにより，国にその補償を求めることができる。

　　第4章　国会（第41条～第64四条）（略）
　　第5章　内閣（第65条～第75条）（略）
　　第6章　司法（第76条～第82条）（略）
　　第7章　財政（第83条～第91条）（略）
　　第8章　地方自治（第92条～第95条）（略）
　　第9章　改正（第96条）（略）
　　第10章　最高法規

第97条　この憲法が日本国民に保障する基本的人権は，人類の多年にわたる自由獲得の努力の成果であつて，これらの権利は，過去幾多の試錬に堪へ，現在及び将来の国民に対し，侵すことのできない永久の権利として信託されたものである。

第98条　この憲法は，国の最高法規であつて，その条規に反する法律，命令，詔勅及び国務に関するその他の行為の全部又は一部は，その効力を有しない。

2　日本国が締結した条約及び確立された国際法規は，これを誠実に遵守することを必要とする。

第99条　天皇又は摂政及び国務大臣，国会議員，裁判官その他の公務員は，この憲法を尊重し擁護する義務を負ふ。

　　第11章　補則（第100条～第103条）（略）

| 資料5 | トラベリングライブラリ（第6章関連） |

Nebraska Library Commission 蔵（撮影二村）

全体像

2～30冊程度が入る木製の箱

貸出キットも同時に収める

貸出キット

| 資料6 | 図書館の設置及び運営上の望ましい基準（第8, 15章関連） |

平成24年12月19日文部科学省告示第172号

　図書館法（昭和25年法律第118号）第7条の2の規定に基づき，公立図書館の設置及び運営上の望ましい基準（平成13年文部科学省告示第132号）の全部を次のように改正し，平成24年12月19日から施行する。

平成24年12月19日
文部科学大臣　田中眞紀子

第一　総則

一　趣旨

1　この基準は，図書館法（昭和25年法律第118号　以下「法」という。）第7条の2の規定に基づく図書館の設置及び運営上の望ましい基準であり，図書館の健全な発展に資することを目的とする。

2　図書館は，この基準を踏まえ，法第3条に掲げる事項等の図書館サービスの実施に努めなければならない。

二　設置の基本

1　市（特別区を含む。以下同じ。）町村は，住民に対して適切な図書館サービスを行うことができるよう，住民の生活圏，図書館の利用圏等を十分に考慮し，市町村立図書館及び分館等の設置に努めるとともに，必要に応じ移動図書館の活用を行うものとする。併せて，市町村立図書館と公民館図書室等との連携を推進することにより，当該市町村の全域サービス網の整備に努めるものとする。

2　都道府県は，都道府県立図書館の拡充に努め，住民に対して適切な図書館サービスを行うとともに，図書館未設置の町村が多く存在することも踏まえ，当該都道府県内の図書館サービスの全体的な進展を図る観点に立って，市町村に対して市町村立図書館の設置及び運営に関する必要な指導・助言等を行うものとする。

3　公立図書館（法第2条第2項に規定する公立図書館をいう。以下同じ。）の設置に当たっては，サービス対象地域の人口分布と人口構成，面積，地形，交通網等を勘案して，適切な位置及び必要な図書館施設の床面積，蔵書収蔵能力，職員数等を確保するよう努めるものとする。

三　運営の基本

1　図書館の設置者は，当該図書館の設置の目的を適切に達成するため，司書及び司書補の確保並びに資質・能力の向上に十分留意しつつ，必要な管理運営体制の構築に努めるものとする。

2　市町村立図書館は，知識基盤社会における知識・情報の重要性を踏まえ，資料（電磁的記録を含む。以下同じ。）や情報の提供等の利用者及び住民に対する直接的なサービスの実施や，読書活動の振興を

担う機関として，また，地域の情報拠点として，利用者及び住民の要望や社会の要請に応え，地域の実情に即した運営に努めるものとする。
3　都道府県立図書館は，前項に規定する事項に努めるほか，住民の需要を広域的かつ総合的に把握して，資料及び情報を体系的に収集，整理，保存及び提供すること等を通じて，市町村立図書館に対する円滑な図書館運営の確保のための援助に努めるとともに，当該都道府県内の図書館間の連絡調整等の推進に努めるものとする。
4　私立図書館（法第2条第2項に規定する私立図書館をいう。以下同じ。）は，当該図書館を設置する法人の目的及び当該図書館の設置の目的に基づき，広く公益に資するよう運営を行うことが望ましい。
5　図書館の設置者は，当該図書館の管理を他の者に行わせる場合には，当該図書館の事業の継続的かつ安定的な実施の確保，事業の水準の維持及び向上，司書及び司書補の確保並びに資質・能力の向上等が図られるよう，当該管理者との緊密な連携の下に，この基準に定められた事項が確実に実施されるよう努めるものとする。

四　連携・協力
1　図書館は，高度化・多様化する利用者及び住民の要望に対応するとともに，利用者及び住民の学習活動を支援する機能の充実を図るため，資料や情報の相互利用などの他の施設・団体等との協力を積極的に推進するよう努めるものとする。
2　図書館は，前項の活動の実施に当たっては，図書館相互の連携のみならず，国立国会図書館，地方公共団体の議会に附置する図書室，学校図書館及び大学図書館等の図書施設，学校，博物館及び公民館等の社会教育施設，関係行政機関並びに民間の調査研究施設及び民間団体等との連携にも努めるものとする。

五　著作権等の権利の保護
図書館は，その運営に当たって，職員や利用者が著作権法（昭和45年法律第48号）その他の法令に規定する権利を侵害することのないよう努めるものとする。

六　危機管理
1　図書館は，事故，災害その他非常の事態による被害を防止するため，当該図書館の特性を考慮しつつ，想定される事態に係る危機管理に関する手引書の作成，関係機関と連携した危機管理に関する訓練の定期的な実施その他の十分な措置を講じるものとする。
2　図書館は，利用者の安全の確保のため，防災上及び衛生上必要な設備を備えるものとする。

第二　公立図書館
一　市町村立図書館
1　管理運営
（一）基本的運営方針及び事業計画
1　市町村立図書館は，その設置の目的を踏まえ，社会の変化や地域の実情に応じ，当該図書館の事業の実施等に関する基本的な運営の方針（以下「基本的運営方針」という。）を策定し，公表するよう努めるものとする。
2　市町村立図書館は，基本的運営方針を踏まえ，図書館サービスその他図書館の運営に関する適切な指標を選定し，これらに係る目標を設定するとともに，事業年度ごとに，当該事業年度の事業計画を策定し，公表するよう努めるものとする。
3　市町村立図書館は，基本的運営方針並びに前項の指標，目標及び事業計画の策定に当たっては，利用者及び住民の要望並びに社会の要請に十分留意するものとする。

（二）運営の状況に関する点検及び評価等
1　市町村立図書館は，基本的運営方針に基づいた運営がなされることを確保し，その事業の水準の向上を図るため，各年度の図書館サービスその他図書館の運営の状況について，（一）の2の目標及び事業計画の達成状況等に関し自ら点検及び評価を行うよう努めなければならない。
2　市町村立図書館は，前項の点検及び評価のほか，当該図書館の運営体制の整備の状況に応じ，図書館協議会（法第14条第1項に規定する図書館協議会をいう。以下同じ。）の活用その他の方法により，学校教育又は社会教育の関係者，家庭教育の向上に資する活動を行う者，図書館の事業に関して学識経験のある者，図書館の利用者，住民その他の関係者・第三者による評価を行うよう努めるものとする。
3　市町村立図書館は，前2項の点検及び評価の結果に基づき，当該図書館の運営の改善を図るため必要な措置を講ずるよう努めなければならない。
4　市町村立図書館は，第1項及び第2項の点検及び評価の結果並びに前項の措置の内容について，インターネットその他の高度情報通信ネットワーク（以下「インターネット等」という。）をはじめとした多様な媒体を活用すること等により，積極的に公表するよう努めなければならない。

（三）広報活動及び情報公開
市町村立図書館は，当該図書館に対する住民の理解と関心を高め，利用者の拡大を図るため，広報紙等の定期的な刊行やインターネット等を活用した情報発信等，積極的かつ計画的な広報活動及び情報公開に努めるものとする。

（四）開館日時等
市町村立図書館は，利用者及び住民の利用を促進するため，開館日・開館時間の設定に当たっては，地域

の実情や利用者及び住民の多様な生活時間等に配慮するものとする。また，移動図書館を運行する場合は，適切な周期による運行等に努めるものとする。

(五) 図書館協議会

1 市町村教育委員会は，図書館協議会を設置し，地域の実情を踏まえ，利用者及び住民の要望を十分に反映した図書館の運営がなされるよう努めるものとする。

2 図書館協議会の委員には，法第16条の規定により条例で定める委員の任命の基準に従いつつ，地域の実情に応じ，多様な人材の参画を得るよう努めるものとする。

(六) 施設・設備

1 市町村立図書館は，この基準に示す図書館サービスの水準を達成するため，図書館資料の開架・閲覧，保存，視聴覚資料の視聴，情報の検索・レファレンスサービス，集会・展示，事務管理等に必要な施設・設備を確保するよう努めるものとする。

2 市町村立図書館は，高齢者，障害者，乳幼児とその保護者及び外国人その他特に配慮を必要とする者が図書館施設を円滑に利用できるよう，傾斜路や対面朗読室等の施設の整備，拡大読書器等資料の利用に必要な機器の整備，点字及び外国語による表示の充実等に努めるとともに，児童・青少年の利用を促進するため，専用スペースの確保等に努めるものとする。

2 図書館資料

(一) 図書館資料の収集等

1 市町村立図書館は，利用者及び住民の要望，社会の要請並びに地域の実情に十分留意しつつ，図書館資料の収集に関する方針を定め，公表するよう努めるものとする。

2 市町村立図書館は，前項の方針を踏まえ，充実した図書館サービスを実施する上で必要となる十分な量の図書館資料を計画的に整備するよう努めるものとする。その際，郷土資料及び地方行政資料，新聞の全国紙及び主要な地方紙並びに視聴覚資料等多様な資料の整備にも努めるものとする。また，郷土資料及び地方行政資料の電子化に努めるものとする。

(二) 図書館資料の組織化

市町村立図書館は，利用者の利便性の向上を図るため，図書館資料の分類，配架，目録・索引の整備等による組織化に十分配慮するとともに，書誌データの整備に努めるものとする。

3 図書館サービス

(一) 貸出サービス等

市町村立図書館は，貸出サービスの充実を図るとともに，予約制度や複写サービス等の運用により利用者の多様な資料要求に的確に応えるよう努めるものとする。

(二) 情報サービス

1 市町村立図書館は，インターネット等や商用データベース等の活用にも留意しつつ，利用者の求めに応じ，資料の提供・紹介及び情報の提示等を行うレファレンスサービスの充実・高度化に努めるものとする。

2 市町村立図書館は，図書館の利用案内，テーマ別の資料案内，資料検索システムの供用等のサービスの充実に努めるものとする。

3 市町村立図書館は，利用者がインターネット等の利用により外部の情報にアクセスできる環境の提供，利用者の求めに応じ，求める資料・情報にアクセスできる地域内外の機関等を紹介するレフェラルサービスの実施に努めるものとする。

(三) 地域の課題に対応したサービス

市町村立図書館は，利用者及び住民の生活や仕事に関する課題や地域の課題の解決に向けた活動を支援するため，利用者及び住民の要望並びに地域の実情を踏まえ，次に掲げる事項その他のサービスの実施に努めるものとする。

ア 就職・転職，起業，職業能力開発，日常の仕事等に関する資料及び情報の整備・提供

イ 子育て，教育，若者の自立支援，健康・医療，福祉，法律・司法手続等に関する資料及び情報の整備・提供

ウ 地方公共団体の政策決定，行政事務の執行・改善及びこれらに関する理解に必要な資料及び情報の整備・提供

(四) 利用者に対応したサービス

市町村立図書館は，多様な利用者及び住民の利用を促進するため，関係機関・団体と連携を図りながら，次に掲げる事項その他のサービスの充実に努めるものとする。

ア （児童・青少年に対するサービス）児童・青少年用図書の整備・提供，児童・青少年の読書活動を促進するための読み聞かせ等の実施，その保護者等を対象とした講座・展示会の実施，学校等の教育施設等との連携

イ （高齢者に対するサービス）大活字本，録音資料等の整備・提供，図書館利用の際の介助，図書館資料等の代読サービスの実施

ウ （障害者に対するサービス）点字資料，大活字本，録音資料，手話や字幕入りの映像資料等の整備・提供，手話・筆談等によるコミュニケーションの確保，図書館利用の際の介助，図書館資料等の代読サービスの実施

エ （乳幼児とその保護者に対するサービス）乳幼児向けの図書及び関連する資料・情報の整備・提供，読み聞かせの支援，講座・展示会の実施，託児サービスの実施

オ （外国人等に対するサービス）外国語による利用案内の作成・頒布，外国語資料や各国事情に関する資料の整備・提供

カ （図書館への来館が困難な者に対するサービス）

宅配サービスの実施
(五) 多様な学習機会の提供
1 市町村立図書館は，利用者及び住民の自主的・自発的な学習活動を支援するため，講座，相談会，資料展示会等を主催し，又は関係行政機関，学校，他の社会教育施設，民間の関係団体等と共催して多様な学習機会の提供に努めるとともに，学習活動のための施設・設備の供用，資料の提供等を通じ，その活動環境の整備に努めるものとする。
2 市町村立図書館は，利用者及び住民の情報活用能力の向上を支援するため，必要な学習機会の提供に努めるものとする。
(六) ボランティア活動等の促進
1 市町村立図書館は，図書館におけるボランティア活動が，住民等が学習の成果を活用する場であるとともに，図書館サービスの充実にも資するものであることにかんがみ，読み聞かせ，代読サービス等の多様なボランティア活動等の機会や場所を提供するよう努めるものとする。
2 市町村立図書館は，前項の活動への参加を希望する者に対し，当該活動の機会や場所に関する情報の提供や当該活動を円滑に行うための研修等を実施するよう努めるものとする。

4 職員
(一) 職員の配置等
1 市町村教育委員会は，市町村立図書館の館長として，その職責にかんがみ，図書館サービスその他の図書館の運営及び行政に必要な知識・経験とともに，司書となる資格を有する者を任命することが望ましい。
2 市町村教育委員会は，市町村立図書館が専門的なサービスを実施するために必要な数の司書及び司書補を確保するよう，その積極的な採用及び処遇改善に努めるとともに，これら職員の職務の重要性にかんがみ，その資質・能力の向上を図る観点から，第一の四の2に規定する関係機関等との計画的な人事交流（複数の市町村又は都道府県の機関等との広域的な人事交流を含む。）に努めるものとする。
3 市町村立図書館には，前項の司書及び司書補のほか，必要な数の職員を置くものとする。
4 市町村立図書館は，専門的分野に係る図書館サービスの充実を図るため，必要に応じ，外部の専門的知識・技術を有する者の協力を得るよう努めるものとする。
(二) 職員の研修
1 市町村立図書館は，司書及び司書補その他の職員の資質・能力の向上を図るため，情報化・国際化の進展等に留意しつつ，これら職員に対する継続的・計画的な研修の実施等に努めるものとする。
2 市町村教育委員会は，市町村立図書館の館長その他の職員の資質・能力の向上を図るため，各種研修機会の拡充に努めるとともに，文部科学大臣及び都道府県教育委員会等が主催する研修その他必要な研修にこれら職員を参加させるよう努めるものとする。

二 都道府県立図書館

1 域内の図書館への支援
1 都道府県立図書館は，次に掲げる事項について，当該都道府県内の図書館の求めに応じて，それらの図書館への支援に努めるものとする。
　ア 資料の紹介，提供に関すること
　イ 情報サービスに関すること
　ウ 図書館資料の保存に関すること
　エ 郷土資料及び地方行政資料の電子化に関すること
　オ 図書館の職員の研修に関すること
　カ その他図書館運営に関すること
2 都道府県立図書館は，当該都道府県内の図書館の状況に応じ，それらの図書館との間における情報通信技術を活用した情報の円滑な流通や，それらの図書館への資料の貸出のための円滑な搬送の確保に努めるものとする。
3 都道府県立図書館は，当該都道府県内の図書館の相互協力の促進等に資するため，当該都道府県内の図書館で構成する団体等を活用して，図書館間の連絡調整の推進に努めるものとする。

2 施設・設備
都道府県立図書館は，第二の二の6により準用する第二の一の1の（六）に定める施設・設備のほか，次に掲げる機能に必要な施設・設備の確保に努めるものとする。
　ア 研修
　イ 調査研究
　ウ 市町村立図書館の求めに応じた資料保存等

3 調査研究
都道府県立図書館は，図書館サービスを効果的・効率的に行うための調査研究に努めるものとする。その際，特に，図書館に対する利用者及び住民の要望，図書館運営にかかわる地域の諸条件，利用者及び住民の利用促進に向けた新たなサービス等に関する調査研究に努めるものとする。

4 図書館資料
都道府県立図書館は，第二の二の6により準用する第二の一の2に定める事項のほか，次に掲げる事項の実施に努めるものとする。
　ア 市町村立図書館等の要求に十分に応えるための資料の整備
　イ 高度化・多様化する図書館サービスへの要請に対応するための，郷土資料その他の特定分野に関する資料の目録・索引等の整備及び配布

5 職員
1 都道府県教育委員会は，都道府県立図書館において第二の二の6により準用する第二の一の4の（一）に定める職員のほか，第二の二の1，3及び4

に掲げる機能を果たすために必要な職員を確保するよう努めるものとする。
2　都道府県教育委員会は、当該都道府県内の図書館の職員の資質・能力の向上を図るため、それらの職員を対象に、必要な研修を行うよう努めるものとする。

6　準用
第二の一に定める市町村立図書館に係る基準は、都道府県立図書館に準用する。

第三　私立図書館
一　管理運営
1　運営の状況に関する点検及び評価等
1　私立図書館は、その運営が適切に行われるよう、図書館サービスその他図書館の運営に関する適切な指標を選定し、これらに係る目標を設定した上で、その目標の達成状況等に関し自ら点検及び評価を行うよう努めるものとする。
2　私立図書館は、前項の点検及び評価のほか、当該図書館の運営体制の整備の状況に応じ、図書館の事業に関して学識経験のある者、当該図書館の利用者その他の関係者・第三者による評価を行うことが望ましい。
3　私立図書館は、前2項の点検及び評価の結果に基づき、当該図書館の運営の改善を図るため必要な措置を講ずるよう努めるものとする。
4　私立図書館は、第一項及び第二項の点検及び評価の結果並びに前項の措置の内容について、積極的に公表するよう努めるものとする。

2　広報活動及び情報公開
私立図書館は、積極的かつ計画的な広報活動及び情報公開を行うことが望ましい。

3　開館日時
私立図書館は、開館日・開館時間の設定に当たっては、多様な利用者に配慮することが望ましい。

4　施設・設備
私立図書館は、その設置の目的に基づく図書館サービスの水準を達成するため、多様な利用者に配慮しつつ、必要な施設・設備を確保することが望ましい。

二　図書館資料
私立図書館は、当該図書館が対象とする専門分野に応じて、図書館資料を計画的かつ継続的に収集・組織化・保存し、利用に供することが望ましい。

三　図書館サービス
私立図書館は、当該図書館における資料及び情報の整備状況、多様な利用者の要望等に配慮して、閲覧・貸出・レファレンスサービス等のサービスを適切に提供することが望ましい。

四　職員
1　私立図書館には、専門的なサービスを実施するために必要な数の司書及び司書補その他職員を置くことが望ましい。
2　私立図書館は、その職員の資質・能力の向上を図るため、当該職員に対する研修の機会を確保することが望ましい。

資料7　国立国会図書館法（抜粋）
（第9章関連）
昭和23年法律第5号

国立国会図書館は、真理がわれらを自由にするという確信に立つて、憲法の誓約する日本の民主化と世界平和とに寄与することを使命として、ここに設立される。

第一章　設立及び目的
第1条　この法律により国立国会図書館を設立し、この法律を国立国会図書館法と称する。
第2条　国立国会図書館は、図書及びその他の図書館資料を蒐集し、国会議員の職務の遂行に資するとともに、行政及び司法の各部門に対し、更に日本国民に対し、この法律に規定する図書館奉仕を提供することを目的とする。
第3条　国立国会図書館は、中央の図書館並びにこの法律に規定されている支部図書館及び今後設立される支部図書館で構成する。

第二章　館長
第4条　国立国会図書館の館長は、一人とする。館長は、両議院の議長が、両議院の議院運営委員会と協議の後、国会の承認を得て、これを任命する。
2　館長は、職務の執行上過失がない限り在職する。館長は、政治活動を慎み、政治的理由により罷免されることはない。館長は、両議院の議長の共同提議によつては罷免されることがある。
第5条　館長は、図書館事務を統理し、所属職員及び雇傭人の職務執行を監督する。
2　館長は、事前に、時宜によつては事後に、両議院の議院運営委員会の承認を経て図書館管理上必要な諸規程を定める。
3　前項の規程は公示によつて施行される。
第6条　館長は、毎会計年度の始めに両議院の議長に対し、前会計年度の図書館の経営及び財政状態につき報告する。
第7条　館長は、一年を超えない期間ごとに、前期間中に日本国内で刊行された出版物の目録又は索引を作成し、国民が利用しやすい方法により提供するものとする。
第8条　館長は、出版に適する様式で日本の法律の索引を作るものとする。
（中略）

第六章　調査及び立法考査局
第15条　館長は、国立国会図書館内に調査及び立法考査局と名附ける一局を置く。この局の職務は、左の通りである。
一　要求に応じ、両議院の委員会に懸案中の法案又

は内閣から国会に送付せられた案件を，分析又は評価して，両議院の委員会に進言し補佐するとともに，妥当な決定のための根拠を提供して援助すること。
二　要求に応じ，又は要求を予測して自発的に，立法資料又はその関連資料の蒐集，分類，分析，飜訳，索引，摘録，編集，報告及びその他の準備をし，その資料の選択又は提出には党派的，官僚的偏見に捉われることなく，両議院，委員会及び議員に役立ち得る資料を提供すること。
三　立法の準備に際し，両議院，委員会及び議員を補佐して，議案起草の奉仕を提供すること。但し，この補佐は委員会又は議員の要求ある場合に限つて提供され，調査及び立法考査局職員はいかなる場合にも立法の発議又は督促をしてはならない。
四　両議院，委員会及び議員の必要が妨げられない範囲において行政及び司法の各部門又は一般公衆に蒐集資料を提供して利用させること。

（略）

第六章の二　関西館

第16条の2　中央の図書館に，関西館を置く。
2　関西館の位置及び所掌事務は，館長が定める。
3　関西館に関西館長一人を置き，国立国会図書館の職員のうちから，館長がこれを任命する。
4　関西館長は，館長の命を受けて，関西館の事務を掌理する。

第七章　行政及び司法の各部門への奉仕

第17条　館長は，行政及び司法の各部門に図書館奉仕の連繫をしなければならない。この目的のために館長は左の権能を有する。
一　行政及び司法の各部門の図書館長を，これらの部門を各代表する連絡調整委員会の委員の推薦によつて任命する。但し，国家公務員法の適用を受ける者については，同法の規定に従い，且つ，当該部門の長官の同意を得なければならない。
二　行政及び司法の各部門の図書館で使用に供するため，目録法，図書館相互間の貸出及び資料の交換，綜合目録及び綜合一覧表の作成等を含む図書館運営の方法及び制度を定めることができる。これによつて国の図書館資料を行政及び司法の各部門のいかなる職員にも利用できるようにする。
三　行政及び司法の各部門の図書館長に年報又は特報の提出を要求することができる。

（略）

第20条　館長が最初に任命された後六箇月以内に行政及び司法の各部門に現存するすべての図書館は，本章の規定による国立国会図書館の支部図書館となる。なお，現に図書館を有しない各庁においては一箇年以内に支部図書館を設置するものとする。

第八章　一般公衆及び公立その他の図書館に対する奉仕

第21条　国立国会図書館の図書館奉仕は，直接に又は公立その他の図書館を経由して，両議院，委員会及び議員並びに行政及び司法の各部門からの要求を妨げない限り，日本国民がこれを最大限に享受することができるようにしなければならない。この目的のために，館長は次の権能を有する。
一　館長の定めるところにより，国立国会図書館の収集資料及びインターネットその他の高度情報通信ネットワークを通じて閲覧の提供を受けた図書館資料と同等の内容を有する情報を，国立国会図書館の建物内で若しくは図書館相互間の貸出しで，又は複写若しくは展示によつて，一般公衆の使用及び研究の用に供する。かつ，時宜に応じて図書館奉仕の改善上必要と認めるその他の奉仕を提供する。
二　あらゆる適切な方法により，図書館の組織及び図書館奉仕の改善につき，都道府県の議会その他の地方議会，公務員又は図書館人を援助する。
三　国立国会図書館で作成した出版物を他の図書館及び個人が，購入しようとする際には，館長の定める価格でこれを売り渡す。
四　日本の図書館資料資源に関する総合目録並びに全国の図書館資料資源の連係ある使用を実現するために必要な他の目録及び一覧表の作成のために，あらゆる方策を講ずる。
2　（略）
3　（略）
4　（略）
5　（略）

第22条　おおむね18歳以下の者が主たる利用者として想定される図書及びその他の図書館資料に関する図書館奉仕を国際的な連携の下に行う支部図書館として，国際子ども図書館を置く。
2　国際子ども図書館に国際子ども図書館長一人を置き，国立国会図書館の職員のうちから，館長がこれを任命する。
3　国際子ども図書館長は，館長の命を受けて，国際子ども図書館の事務を掌理する。

第十章　国，地方公共団体，独立行政法人等による出版物の納入

第24条　国の諸機関により又は国の諸機関のため，次の各号のいずれかに該当する出版物（機密扱いのもの及び書式，ひな形その他簡易なものを除く。以下同じ。）が発行されたときは，当該機関は，公用又は外国政府出版物との交換その他の国際的交換の用に供するために，館長の定めるところにより，30部以下の部数を直ちに国立国会図書館に納入しなければならない。
一　図書
二　小冊子
三　逐次刊行物
四　楽譜
五　地図

六　映画フィルム
七　前各号に掲げるもののほか，印刷その他の方法により複製した文書又は図画
八　蓄音機用レコード
九　電子的方法，磁気的方法その他の人の知覚によつては認識することができない方法により文字，映像，音又はプログラムを記録した物
2　（略）
3　（略）
（略）

第十一章　その他の者による出版物の納入

第25条　前2条に規定する者以外の者は，第24条第1項に規定する出版物を発行したときは，前2条の規定に該当する場合を除いて，文化財の蓄積及びその利用に資するため，発行の日から30日以内に，最良版の完全なもの一部を国立国会図書館に納入しなければならない。但し，発行者がその出版物を国立国会図書館に寄贈若しくは遺贈したとき，又は館長が特別の事由があると認めたときは，この限りでない。
2　第24条第3項の規定は，前項の場合に準用する。この場合において，同条第3項中「納入」とあるのは「納入又は寄贈若しくは遺贈」と読み替えるものとする。
3　第1項の規定により出版物を納入した者に対しては，館長は，その定めるところにより，当該出版物の出版及び納入に通常要すべき費用に相当する金額を，その代償金として交付する。

第25条の2　発行者が正当な理由がなくて前条第1項の規定による出版物の納入をしなかつたときは，その出版物の小売価額（小売価額のないときはこれに相当する金額）の5倍に相当する金額以下の過料に処する。
2　発行者が法人であるときは，前項の過料は，その代表者に対し科する。

第十一章の二　国，地方公共団体，独立行政法人等のインターネット資料の記録

第25条の3　館長は，公用に供するため，第24条及び第24条の2に規定する者が公衆に利用可能とし，又は当該者がインターネットを通じて提供する役務により公衆に利用可能とされたインターネット資料（電子的方法，磁気的方法その他の人の知覚によつては認識することができない方法により記録された文字，映像，音又はプログラムであつて，インターネットを通じて公衆に利用可能とされたものをいう。以下同じ。）を国立国会図書館の使用に係る記録媒体に記録することにより収集することができる。
2　第24条及び第24条の2に規定する者は，自らが公衆に利用可能とし，又は自らがインターネットを通じて提供する役務により公衆に利用可能とされているインターネット資料（その性質及び公衆に利用可能とされた目的にかんがみ，前項の目的の達成に支障がないと認められるものとして館長の定めるものを除く。次項において同じ。）について，館長の定めるところにより，館長が前項の記録を適切に行うために必要な手段を講じなければならない。
3　館長は，第24条及び第24条の2に規定する者に対し，当該者が公衆に利用可能とし，又は当該者がインターネットを通じて提供する役務により公衆に利用可能とされたインターネット資料のうち，第1項の目的を達成するため特に必要があるものとして館長が定めるものに該当するものについて，国立国会図書館に提供するよう求めることができる。この場合において，当該者は，正当な理由がある場合を除き，その求めに応じなければならない。

第十一章の三　オンライン資料の記録

第25条の4　第24条及び第24条の2に規定する者以外の者は，オンライン資料（電子的方法，磁気的方法その他の人の知覚によつては認識することができない方法により記録された文字，映像，音又はプログラムであつて，インターネットその他の送信手段により公衆に利用可能とされ，又は送信されるもののうち，図書又は逐次刊行物（機密扱いのもの及び書式，ひな形その他簡易なものを除く。）に相当するものとして館長が定めるものをいう。以下同じ。）を公衆に利用可能とし，又は送信したときは，前条の規定に該当する場合を除いて，文化財の蓄積及びその利用に資するため，館長の定めるところにより，当該オンライン資料を国立国会図書館に提供しなければならない。
2　（略）
3　（略）
4　（略）
（以下，略）

資料8　公立図書館の任務と目標

（第6, 9, 12章関連）

日本図書館協会図書館政策特別委員会
1989年1月　確定公表
2004年3月　改訂

はじめに

　日本図書館協会は，1979年の総会において採択した「図書館の自由に関する宣言　1979年改訂」において，「すべての国民は，いつでもその必要とする資料を入手し利用する権利を有する」こと，そして「この権利を社会的に保障することに責任を負う機関」が図書館であることを表明した。また，「すべての国民は，図書館利用に公平な権利をもっており，人種，信条，性別，年齢やそのおかれている条件等によっていかなる差別もあってはならない」とも述べており，われわれは，これらのことが確実に実現されるよう，図書館サービスの充実に努めなければならない。

　日本の公立図書館サービスは，1950年の図書館法

によって「図書館奉仕」の理念を掲げはしたものの，その具現化には相当の年月を要し，ようやく1960〜70年代に，『中小都市における公共図書館の運営』(1963年)，『市民の図書館』(1970年)を指針として発展の方向を見いだした。図書館を真に住民のものにしようという意欲的な図書館員の努力，読書環境の整備充実を求める住民要求の高まり，それを受け止める自治体の積極的な施策と対応によって，図書館サービスは顕著な発展を遂げてきた。

1980年代になると，いわゆる行政改革により，図書館はつくっても十分な職員を配置せず，その不足を嘱託，臨時職員などで補う自治体，さらには図書館法の精神に反して，公立図書館の管理運営を公社・財団等に委託するケースや司書を派遣会社に求める自治体が現れる。その上，1990年代には，生涯学習体系への移行，情報ネットワークの整備という，国の政策レベルの動向，さらには90年代以降構造改革，分権推進，規制緩和という政治や経済の動きを受けて，図書館経営に一段と複雑かつ厳しい様相が広がっている。

先に述べたとおり，すべての国民に図書館利用の権利を保障することは，民主主義国家においては必須の条件であり，それは公の責任で果たされなければならない。こうした観点から，地方自治体が無料公開の図書館を設置し，管理運営することは，欧米先進諸国においては19世紀半ばに確立された伝統である。日本は，いまだこの原理に則った近代図書館を整備する途上にある。今なお図書館をもたない町村が6割にも及ぶという事実があるし，先進的な市町村といえども，すべての住民のニーズに応えられるという域には遠く，あるべき図書館サービスは形成過程だと認識することが至当である。

もちろん，公立図書館の維持発展を図ることは，地方自治体及び地域住民の発意と責任に帰することであるが，「図書館事業の進歩発展を図り，わが国文化の進展に寄与する」という本協会の目的にてらして，協会会員の関心を喚起するとともに，それぞれの地域・職域における図書館サービス計画の立案に資することを願って，「公立図書館の任務と目標」を策定し公表することにした。

当初，この文書の策定は，公立図書館である以上，少なくともこのレベル程度の活動は，という「基準」を提起することを意図して始められた。しかし，「基準」といえば図書館法にいう基準との混同を招く恐れもあること，さらに「基準」という言葉には数量的なものが意識される傾向が強いので，この語を使用しないことにした。

すべての図書館が，この内容を達成し，さらに高いレベルの新たな目標を掲げ得る状況の速やかな到来を強く望むものである。

第1章　基本的事項

（公立図書館の役割と要件）

1．人間は，情報・知識を得ることによって成長し，生活を維持していくことができる。また，人間は文化的な，うるおいのある生活を営む権利を有する。

　　公立図書館は，住民がかかえているこれらの必要と欲求に応えるために自治体が設置し運営する図書館である。公立図書館は，乳幼児から高齢者まで，住民すべての自己教育に資するとともに，住民が情報を入手し，芸術や文学を鑑賞し，地域文化の創造にかかわる場である。公立図書館は，公費によって維持される公の施設であり，住民はだれでも無料でこれを利用することができる。

　　公立図書館は，図書館法に基づいて地方公共団体が設置する図書館であり，教育委員会が管理する機関であって，図書館を設置し図書館サービスを実施することは，地方公共団体の責務である。また，公立図書館は住民の生活・職業・生存と精神的自由に深くかかわる機関である。このような基本的性格にてらして，公立図書館は地方公共団体が直接経営すべきものであり，図書館の運営を他へ委託すべきではない。

（知る自由の保障）

2．住民は，あらゆる表現の記録（資料）に接する権利を有しており，この住民の知る自由を保障することは，公立図書館の重要な責務である。この責務を果たすため，公立図書館は，住民の意思を受けて図書その他の資料を収集し，収集した資料を住民に提供する自由を有する。住民の中には，いろいろな事情で図書館利用から疎外されている人びとがおり，図書館は，すべての住民の知る自由の拡大に努めなければならない。

（図書館の利用）

3．住民は，図書館の利用を通じて学習し，情報を入手し，文化的な生活を営むことができる。図書館の活用によって達成できることは多様であり，限りない可能性をもっているが，おおむね次のようなことである。

　1．日常生活または仕事のために必要な情報・知識を得る。
　2．関心のある分野について学習する。
　3．政治的，社会的な問題などに対するさまざまな思想・見解に接し，自分の考えを決める糧にする。
　4．自らの住む地域における行政・教育・文化・産業などの課題解決に役立つ資料に接し，情報を得る。
　5．各自の趣味を伸ばし，生活にくつろぎとうるおいをもたらす。
　6．子どもたちは，読書習慣を培い，本を読む楽しさを知り，想像力を豊かにする。
　7．講演会・読書会・鑑賞会・展示会などに参加

し，文化的な生活を楽しむ。
　8．人との出会い，語りあい，交流が行われ，地域文化の創造に参画する。

（図書館計画）
　4．公立図書館は，本来住民のために住民の意思を受けて設置され運営される民主的な機関であり，住民要求の多様化と増大，それに応える資料の増加にともなって成長発展するものである。したがって，図書館は長期・短期の計画を立案・作成し，その計画が自治体の施策として実行されなければならない。

（住民参加）
　5．公立図書館は，住民の要求あるいはニーズに応える機関であって，その創設・増改築にあたっては，地域の住民の意向が十分に反映されなければならない。単に施設の面ばかりではなく，年次計画の策定，日常の図書館活動の企画についても，住民の参加が欠かせない。図書館の発展をはかることは，まず図書館員の責任であるが，それとともに，住民の提起が図書館をより有意義な機関に育て，図書館の可能性を拡大していく。住民の制度的参加としては，図書館協議会が活用されるべきである。そういう公的な場も重要であるが，日常的な活動の中での利用者との対話，あるいは利用者との懇談会などを通じて，住民の要求をとらえ，その提案をいかす努力と工夫が肝要である。図書館員は，住民参加の意義を正しく認識し，住民の要望・提案に誠実に対応しなければならない。

（図書館相互の協力）
　6．住民が必要とする資料は多種多様であるために，単独の図書館が所蔵する資料だけでは，要求に応えられないことがある。一自治体の図書館はもちろんのこと，設置者を異にする図書館が相互に補完し協力することによって，住民の多様な要求を充足することが可能となる。

（図書館職員）
　7．住民と資料を結びつけるための知識と技術を習得している専門職員を配置することは，図書館として不可欠の条件である。
　　　図書館職員は，「図書館の自由に関する宣言」及び「図書館員の倫理綱領」を十分によく理解し，これらの宣言・綱領に則って業務を遂行することによって，住民の信頼を獲得し図書館の発展をはかることができる。

第2章　市（区）町村立図書館
1　図書館システム
　8．住民はだれでも，どこに住んでいても，図書館サービスを受ける権利をもっている。自治体は，その区域のすみずみまで図書館サービスが均質に行きわたるように努めなければならない。
　9．一つの自治体が設置する複数の図書館施設は，図書その他の資料の利用または情報入手に関する住民の要求を満たすために有機的に結ばれた組織体でなければならない。このような組織を図書館システムという。図書館システムは，地域図書館（以下「地域館」という）と移動図書館，これらの核となる中央図書館（以下「中央館」という）から成る。自治体は，すべての住民の身近に図書館のサービス・ポイントを配置する。
　10．住民はだれでも，身近にあるサービス・ポイン窓口として，必要とする図書その他の資料を利用することができる。
　11．住民はだれでも，身近なサービス・ポイントを通じて，レファレンス・サービスを受け，生活に必要な情報や文化情報などを得る。
　12．図書館システムを構成するそれぞれは，独自に活動するのではなく，中央館をかなめとし，統一されたサービス計画のもとに，組織全体として最大の効果をあげるように活動する。
　13．住民の大多数が地域館または中央館のサービス圏内におさまるように，必要数の図書館を設置しなければならない。その規模は，サービス圏内の人口に応じて定められる。地域館及び中央館のサービス圏内に含まれない地域の住民に対しては，移動図書館の巡回を行う。移動図書館は，図書館のはたらきを住民にとって身近なものとし，図書館システムの形成を促進するために重要な役割をもっている。
　14．図書館は，地域館と中央館及び地域館相互間の図書館資料の円滑な流れを確保するために，必要な物流体制を整備する。

2　図書館サービス
　15．図書館サービスの基本は，住民の求める資料や情報を提供することである。そのために，貸出，レファレンス・サービスを行うとともに，住民の資料や情報に対する要求を喚起する働きかけを行う。住民の図書館に寄せる期待や信頼は，要求に確実に応える日常活動の蓄積によって成り立つ。その基礎を築くのは貸出である。
　16．図書館は，資料提供の機能の展開として，集会・行事を行うとともに，図書館機能の宣伝，普及をはかるための活動や，利用案内を行う。
　　　席借りのみの自習は図書館の本質的機能ではない。自習席の設置は，むしろ図書館サービスの遂行を妨げることになる。
　17．さまざまな生活条件を担っている地域住民がひとしく図書館を利用できるためには，その様態に応じてサービスの上で格別の工夫と配慮がなされなければならない。
　18．乳幼児・児童・青少年の人間形成において，豊かな読書経験の重要性はいうまでもない。生涯にわたる図書館利用の基礎を形づくるためにも，乳幼児・児童・青少年に対する図書館サービスは重視されなければならない。
　　　また，学校図書館との連携をすすめ，児童・生徒

に対して利用案内を行うとともに，求めに応じて学校における学習や読書を支援する。
19. 高齢者の人口比や社会的役割が増大しているいま，高齢者へのサービスについては，その要望や必要に応じた資料，施設，設備，機材の整備充実に努める。さらに図書館利用の介助等，きめこまかなサービスの提供に努める。
20. 障害者をはじめとして図書館の利用を疎外されてきた人びとに対して，種々の方途を講じて図書館を利用する権利を保障することは，図書館の当然の任務である。
21. 被差別部落の住民への図書館サービスは，文化的諸活動や識字学級に対する援助などによってその範囲を広げる。
22. アイヌ等少数民族並びに在日朝鮮・韓国人その他の在日外国人にとって，それぞれの民族文化，伝統の継承，教育，その人びとが常用する言語による日常生活上の情報・資料の入手は重要である。図書館は，これらの人びとへの有効なサービスを行う。
23. 開館日，開館時間は，地域住民が利用しやすい日時を設定する。

（貸　出）

24. 貸出は，資料提供という図書館の本質的機能を最も素朴に実現したものであり，住民が図書館のはたらきを知り，図書館サービスを享受し得る最も基本的な活動である。したがって図書館は，すべての住民が個人貸出を受けられるように条件を整える。
　　そのために利用手続は簡単で，どのサービス・ポイントでも貸出・返却ができるようにする。貸出方式は，利用者の秘密が守られるものにする。一人に貸出す冊数は，各人が貸出期間内に読み得る範囲で借りられるようにする。
　　貸出には，資料案内と予約業務が不可分のものとして含まれる。
25. 図書館は，一人ひとりの利用者と適切な資料を結びつけるために資料案内を行う。その一環として，フロア・サービスが有効である。
26. 図書館は，住民が求めるどんな資料でも提供する。そのためには，所蔵していない資料も含めて予約に対応できる体制を整える。
27. 求めに応じて，読書グループや文庫などの団体や施設に対して貸出を行う。

（レファレンス・サービス）

28. 図書館は，住民の日常生活上の疑問に答え，調査研究を援助するためにレファレンス・サービスを行う。
29. 中央館や大きな地域館には，参考資料室を設ける。他のサービス・ポイントもレファレンス・サービスの窓口を開く。
30. レファレンス・サービスは，図書館システム全体で，また相互協力組織を通じてあたるほかに，類縁機関，専門機関と連携して行う。
31. 資料に基づく援助のほか，レファレンス・サービスの制限事項とされることが多い医療・法律相談などや資料提供を越える情報サービスも，専門機関や専門家と連携することによって解決の手がかりを供することができる。

（複　写）

32. 図書館は，資料提供の一環として複写サービスを行う。

（集会・行事）

33. 資料提供の機関である図書館が，住民の自主的な学習活動を援助するために集会機能をもつことの意義は大きい。自由な談話の場，グループ活動の場と，学習を発展させるための設備，用具を提供する。
34. 資料提供の機能の展開として，展示，講座，講演会その他の行事を行う。

（広　報）

35. 図書館の役割を住民に周知するため，館報，広報等によって宣伝するとともに，マスコミ等を通じて住民の理解を深めるよう努める。

3　図書館資料

36. 図書，逐次刊行物，視聴覚資料，電子資料などは，人類の知識や想像力の成果を集積したものであり，人びとの生活に欠くことのできない情報伝達の手段である。図書館は，すべての住民の多様な資料要求に応えるため，これらの資料を幅広く，豊富に備える。
　　図書館は，住民が外部ネットワークの情報資源へ自由にアクセスできる環境を整備する。
37. 資料構成は，有機的なつながりをもち，住民のニーズと地域社会の状況を反映したものでなければならない。とくに地域館では，児童用資料を豊富に備える必要がある。
38. 資料は，図書館の責任において選択され，収集される。
　　図書館は，資料の収集を組織的，系統的に行うため，その拠りどころとなる収集方針及び選択基準を作成する。これらは，資料収集の面から図書館サービスのあり方を規定するものであり，教育委員会の承認を得ておくことが望ましい。
　　収集方針及び選択基準は，図書館のあり方について住民の理解を求め，資料構成への住民の参加と協力を得るために公開される。
39. 住民に適切な判断材料を提供するため，政治的，社会的に対立する意見のある問題については，それぞれの立場の資料を収集するよう努める。図書館の収集した資料がどのような思想や主張をもっていようとも，それを図書館が支持することを意味するものではない。
40. 地域館では，住民の身近な図書館として，日常の問題解決に役立つ参考図書，教養書，実用書，読み物など，その地域に適した図書を備える。また地域の事情に応じて外国語図書を収集する。

公立図書館の任務と目標

41. 図書館は，住民の関心に沿って，幅広く多様な雑誌を選んで備える。また，地域の状況に応じて外国雑誌も備える。
42. 図書館は，全国紙，地方紙，政党機関紙のほか，それぞれの地域の状況に応じて専門紙を備える。
43. 図書館は，図書，雑誌，新聞のほか，CDや録音テープなどの音声資料，フィルムやビデオソフトなどの映像資料，CD-ROMなどの電子資料や写真，地図などを備える。また，視覚・聴覚障害者のために，点字図書，録音図書，大活字本，字幕付映像資料などの資料の収集にも努める。
44. それぞれの地域に関する資料や情報の収集・提供は，図書館が住民に対して負っている責務である。そのため図書館は，設置自治体の刊行物及びその地域に関連のある資料を網羅的に収集するほか，その地域にかかわりのある機関・団体等の刊行物の収集にも努める。また，その地方で刊行される一般の出版物についても収集に努める。
　図書館が収集したそれぞれの地域に関する資料・情報については，より有効に活用できるよう，目録やデータベースの作成を行う。
45. 住民の多様な資料及び情報の要求に応えるためには，公刊される資料の収集だけでは不十分である。図書館は，ファイル資料を編成したり写真資料，録音・録画資料を作成し，図書，小冊子などを出版する。あわせて，資料の電子化をすすめネットワークなどを通じて公開する。さらに，障害者のために，それぞれの必要な資料の製作に努める。
46. 図書館は，すべての資料が利用者の求めに応じて迅速，的確に提供できるよう，統一的にその組織化を行う。
47. 図書館は，住民がどのサービス・ポイントからでも，すべての所蔵資料を一元的に検索できるよう目録を整備する。目録は，常に最新の情報が提供できるよう維持されなければならない。
48. 利用者が直接，自由に求める資料を手にすることができるよう，日常的に利用される資料を中心に，可能な限り多くの資料を開架にする。その排列にあたっては，利用者が資料をみつけやすく，利用しやすいような配慮が必要である。
49. 図書館は，常に新鮮で適切な資料構成を維持し，充実させるために資料の更新及び除籍を行う。広域的に再利用が見込める資料については，県立図書館等への譲渡によって活用をはかる。

4 相互協力

50. 図書館は，住民の要求する資料を必ず提供するために，各市町村の図書館が相互に協力しあうことが必要である。
51. 相互協力は，資料の相互貸借，複写，レファレンス業務などサービス面で協力するほかに，資料の分担収集，保存及び索引の作成なども共同で行うものである。ときには職員研修，採用試験などにも及ぼすことができる。
52. 図書館はまた，同じ地域内の他館種の図書館や類縁機関，専門機関と連携して，住民の資料要求に応えるよう努める。

第3章　都道府県立図書館

1　役割と機能

53. 都道府県立図書館（以下「県立図書館」という）は，市町村立図書館と同様に住民に直接サービスするとともに，市町村立図書館の求めに応じてそのサービスを支援する。
　大多数の住民にとって，身近にあって利用しやすいのは市町村立図書館である。したがって県立図書館は市町村立図書館への援助を第一義的な機能と受けとめるべきである。
　県立図書館であるということを理由に，全く個人貸出を行わないとか，児童サービスを実施しないということがあってはならない。
54. 県立図書館が有する資料と機能は，多くの場合，市町村立図書館を通じて住民に提供される。
55. 市町村立図書館を利用するか，直接に県立図書館を利用するかは，住民各自がそのときの事情に応じて選択することであって，住民がいずれの方法をとった場合にも，図書館は十全に対応すべきである。
56. 県立図書館と市町村立図書館との関係は，前者が後者を指導するとか調整するという関係ではない。
57. 県ないし県教育委員会が図書館振興のための施策を立案する際には，県立図書館は，県内図書館の現状に関する資料及び図書館振興に関する資料を提供し，県としての政策立案に協力する。
58. 県立図書館は，県内公立図書館の協議機関に加わり，その活動を援助する。

2　市町村立図書館への援助

59. 県立図書館は，市町村立図書館の求めに応じて，資料を貸出す。この場合，原則として要求された資料は，すべて貸出すべきである。
　貸出期間は，市町村立図書館の貸出に支障がないように定める。貸出す冊数は無制限とすることが望ましい。
60. 求められた資料を県立図書館が所蔵せず，しかも入手不可能な場合は，可能な範囲で所蔵館を調査し，請求館に通知する。
61. 小図書館または創立時の図書館に対しては，一括して相当量の図書を貸出す。
62. 市町村立図書館において調査不可能な参考質問を，県立図書館は調査し回答する。
63. 県立図書館においても調査不可能な参考質問で，他館または類縁機関において回答可能と思われる場合は，その館・機関を紹介する。
64. 市町村立図書館の児童サービスの発展のために，県立図書館は，選択のための児童書常設展示，児童

サービスに関する情報の収集と伝達などの援助を行う。
65. 県立図書館は、県域に関する書誌・索引あるいはデータベースを作成し、利用に供する。
66. 市町村立図書館間の相互協力のために、市町村立図書館の求めに応じて、県立図書館はあらゆる援助を行う。
67. 県立図書館は資料の提供、市町村立図書館間協力への援助、県内資料の収集、そうして市町村立図書館を知るために、定期的に巡回車を運行する。
68. 県立図書館は資料保存の責任を果たすため、市町村立図書館の求めに応じて、それらの館の蔵書の一部を譲り受けて、保存し、提供する。
69. 県立図書館は、県の刊行物を市町村立図書館に配布する。
70. 県内公立図書館職員の資質・能力向上のため、県立図書館は、研究資料、研修の場を提供し、可能なかぎり経費を負担する。
71. 県立図書館は、求めに応じて図書館、読書、郷土研究、その他の全県的な団体の活動を援助する。

3 図書館資料

72. 県立図書館は、住民のあらゆる資料要求に応える責任と、市町村立図書館の活動を支える資料センターとしての役割を果たすため、図書、逐次刊行物、電子資料、マイクロ資料、視聴覚資料のほか、障害者用資料など、多様な資料を豊富に収集し、保存する。あわせて、住民や市町村立図書館が外部ネットワークの情報資源へ自由にアクセスできる環境を整備する。
73. 県立図書館の資料は、児童用資料を含み、すべての主題分野を包括するとともに、それぞれの分野では有機的なつながりをもった構成でなければならない。
74. 県立図書館は、資料の収集を組織的、系統的に行うため、収集方針及び選択基準を作成し、公開する。
75. 県立図書館は、国内で出版される図書、とりわけ県内の出版物を網羅的に収集するほか、外国で発行される図書についても広く収集に努める。
76. 県立図書館は、外国で発行のものも含め、あらゆる主題の雑誌を収集する。また、新聞についても、全国紙、地方紙、政党機関紙のほか、専門紙をできるかぎり幅広く収集するとともに、外国の新聞の収集にも努める。
　これら逐次刊行物の保存については、県立図書館はとくに留意する必要がある。
77. 県立図書館は、その県及び関係機関、団体の発行する資料の収集に責任をもつほか、市町村立図書館の協力を得て、各地の地域資料も収集する。
78. 県立図書館は、地域の要求に応えるため、ファイル資料、写真資料、録音・録画資料を作成し、図書、小冊子などを出版する。あわせて、資料の電子化をすすめネットワークなどを通じて公開する。さらに、障害者のために、それぞれの必要な資料の製作に努める。
79. 日々の増加図書を含むすべての所蔵資料の検索を容易にして、その円滑な利用をはかるため、県立図書館は自館所蔵資料のデータベースを作成し、維持する。また、郷土資料目録など必要な総合目録の作成にも努める。
80. 県立図書館は、所蔵資料の充実に努め、除籍は最小限にとどめる。

4 相互協力

81. 県立図書館は、市町村立図書館に充実した援助ができるように、近隣の県立図書館、及び各種図書館・類縁機関と常に連絡を保ち、協力する態勢をつくる。そのために、それらの機関の所蔵資料、保有情報の実態を把握し、協力を得られるよう努める。
82. 県立図書館は、自館所蔵資料のデータベースを公開するとともに、県内の市町村立図書館や大学図書館等のデータベースとの横断的な検索も容易にできるようにする。
83. 県立図書館は、関連する近隣地域の情報を提供できるように、近隣の県立図書館及び類縁機関と、それぞれの地域に関する資料及び書誌、索引を交換、収集する。

第4章　公立図書館の経営

1 公立図書館経営の理念

84. 公立図書館の経営は、図書館計画に基づき職員、経費、施設の適切な措置の上で、継続的・安定的になされる必要がある。
85. 運営においては、不断に計画・評価を組み込んで、地域住民の要求に応える体制を維持しなければならない。

2 職員

86. 公立図書館の職員は、住民の知る自由を保障し、資料と人とを結びつける使命を自覚し、住民の資料に対する要求に応え、資料要求を拡大するために、最善の努力をはらう。
87. 職員は、図書館運営に参画し、自由に意見を述べるよう努める。館長は、職員のさまざまな意見・発想をまとめ、館運営に生かすよう努めなければならない。
87. 専門的な資質・能力をもった専門職員が中心となって運営することによって、図書館は住民の生活に不可欠な施設となることができる。
　図書館を設置する自治体は、司書（司書補）を専門職種として制度化すべきである。その内容は次のとおりである。
　1．司書（司書補）資格をもつ者を、公開公募の試験によって採用する。
　2．専門職員は、本人の希望または同意によるほかは、他職種へ異動されない。
　3．専門職員には、昇任の機会が適正に与えられる。

88. 館長は，公立図書館の基本的任務を自覚し，住民へのサービスを身をもって示し，職員の意見をくみあげるとともに，職員を指導してその資質・能力・モラールの向上に努める。

このため，館長は専任の経験豊かな専門職でなければならない。

89. 図書館の専門職員となろうとするもののため，資格取得に多様な道が開かれていることが望ましい。

90. 図書館職員としての能力を高めるため，すべての職員に研修の機会が与えられる。とくに専門職員は自ら学習に努め，基礎的教養と専門的技量を高める努力を怠ってはならない。

館長は研修・学習のための便宜をはかり，各専門団体の行う研究会等への職員の参加を奨励する。

91. 夜間開館や祝日開館への住民の要求が強くなってきている。これに応えるためには，開館時間内でのサービスに格差が生じないよう，職員体制の整備が必要である。

3　経費

92. 公立図書館の予算は，その果たすべき任務に比して，一般にあまりにも過少である。予算の拡大充実は住民の要求と支持，それを背景にした図書館の強い確信と実践によって達せられる。

93. 公立図書館は，住民の納める税によって維持される。したがって図書館の予算は最大限に効果をあげるよう編成されるべきである。

94. 過少な経費は，住民に失望感を与える図書館をつくり，結果として無駄となる。一定水準以上のサービスを維持するに足る経費を予算化することによって，住民に役立つ図書館となることができる。

95. 委託などによって，予算額が縮小し，節約されたかのようにみえる場合がある。しかし現実にはサービスの遅れや質の低下が現れたりする例が多い。予算の効率は，住民サービスの質と量を基準に測るべきであり，最終的には住民の評価がその適否を決定する。

4　施設

96. 図書館建築には，図書館側の構想が反映されていなければならない。そのためには，住民の意向もとりいれた図書館建築計画書を設計者に提示することが不可欠である。

97. 図書館は，単独施設であることが望ましい。立地条件・地理的事情や運営方法により複合施設となる場合は，図書館の理念及び運営方針を設計に反映させ，図書館施設としての機能を損なわないよう，また，独立して管理・運営ができるようにしなければならない。

98. 図書館は住民の生活動線上にあり，立地条件のよいことが重要である。建物は明るく，親しみやすく，利用者が気軽に使える施設でなければならない。

99. 館内は，利用者にとってわかりやすい構成であり，図書館員にとっても働きやすい施設でなければならない。また，館内全体にわたって障害者が利用できる施設にすべきである。

第5章　都道府県の図書館振興策

100. すべての市町村に，計画性に裏づけられた公立図書館サービスの実態をつくりだすことは，それぞれの自治体の責任であり，広域自治体である都道府県及び都道府県教育委員会（以下「県」という）は，すべての県民が十分な図書館サービスを享受できるよう，その振興をはかる責務を負っている。

101. 県は，県下の図書館振興をはかる行政の所管を明確にし，施策にあたっては県立図書館との連絡を密にし，県図書館協会などの協力を得る。

102. 県は，県下すべての市町村に図書館が設置され，そのサービスが一定の水準以上に達するよう助成する県としての図書館振興策を策定する。

振興策の策定にあたっては，県下の図書館専門職員，専門家，市町村関係者の協力を得るとともに，住民の意思を反映したものとなるよう努める。

103. 県が策定する図書館振興策には，おおむね次のような内容が考えられる。

(1) 市町村における図書館サービスの望ましい目標の設定。

(2) 市町村に対する図書館施設（移動図書館を含む）整備補助制度の設定。その実施にあたっては，図書館法に基づく国の基準や県が独自に定める一定の要件を満たしていることを条件として，補助を行う。

(3) 市町村立図書館の活動が一定の水準以上を達成できるための資料購入費補助制度の設定。

(4) 市町村立図書館の活動の充実に役立つ設備・機器等の購入の助成。

(5) 県下公立図書館職員の研修と交流の機会の設定とそれに要する経費助成。

(6) 県民に対する図書館に関する情報・資料の提供。

(7) 公立図書館未設置自治体に対する啓蒙，情報・資料の提供。

(8) 市町村立図書館の活動を援助するための県立図書館の整備・充実。

104. 県下の図書館振興のために県立図書館は，第3章第2節に掲げる援助を行うとともに，図書館についての情報・資料を県民，市町村及び市町村立図書館に提供する。

105. 未設置自治体，とりわけ設置率が低位にとどまる町村に対して県立図書館は，図書館設置を促すような計画的働きかけを行う。未設置自治体の住民を対象とする補完的サービスを行う場合は，それが県の振興策の一環としての位置づけをもち，市町村独自の図書館サービスの始動によい刺激となるようなものでなければならない。

■図書館システム整備のための数値基準

公立図書館の数値目標について，旧版までは一委員の試案というかたちで掲載してきた。この間，日本図書館協会では「図書館による町村ルネサンス　Ｌプラン21」（日本図書館協会町村図書館活動推進委員会著2001）を発表し，そこで公立図書館の設置と運営に関する数値基準を提案した。これは「日本の図書館1999」をもとに，全国の市町村（政令指定都市及び特別区を除く）の公立図書館のうち，人口一人当たりの「資料貸出」点数の多い上位10％の図書館の平均値を算出し，それを人口段階ごとの基準値として整理した上で提案されたものである。

そこで今回の改訂にあたっては，「Ｌプラン21」の数値基準を改訂するかたちで，「日本の図書館2003」によって新たに平均値を算出し，これをもとにした「数値基準」として提案することとする。

「目標値」としてではなく，達成すべき「基準値」としたのは，ここに掲げられた数値がそれぞれの人口段階の自治体において，すでに達成されたものであるからである。少なくとも図書館設置自治体のうち，10％の自治体にあっては住民がこの水準の図書館サービスを日常的に受けているのであり，住民にとって公立図書館サービスが原則的には選択不可能なサービスであることからも，ここで提案する数値はそれぞれの自治体において早急に達成されるべきものであると考えている。

なお，ここに掲げた「数値基準」は「日本の図書館2003」に基づくものであり，今後は最新版の「日本の図書館」によって算出された数値を基準にするものとする。

■システムとしての図書館

ここで掲げている数値は自治体における図書館システム全体を対象としたものである。自治体の人口規模や面積，人口密度等に応じて地域館や移動図書館を設置運営し，図書館システムとしての整備を進めていくことが必要である。

■図書館の最低規模は，蔵書50,000冊

図書館が本文書で掲げるような図書館として機能し得るためには，蔵書が5万冊，専任職員数3名が最低限の要件となる。このとき，図書館の規模としては800 m^2 が最低限必要となる。これは地域館を設置する場合においても最低限の要件である（末尾に添付の資料参照）。

[延床面積]
人口　6,900人　未満1,080 m^2 を最低とし，
人口　18,100人　までは1人につき0.05 m^2
　　　46,300人　までは1人につき0.05 m^2
　　　152,200人　までは1人につき0.03 m^2
　　　379,800人　までは1人につき0.02 m^2 を加算する。

[蔵書冊数]
人口　6,900人　未満67,270冊を最低とし，
人口　18,100人　までは1人につき3.6冊

　　　46,300人　までは1人につき4.8冊
　　　152,200人　までは1人につき3.9冊
　　　379,800人　までは1人につき1.8冊を加算する。

[開架冊数]
人口　6,900人　未満48,906冊を最低とし，
人口　18,100人　までは1人につき2.69冊
　　　46,300人　までは1人につき2.51冊
　　　152,200人　までは1人につき1.67冊
　　　379,800人　までは1人につき1.68冊を加算する。

[資料費]
人口　6,900人　未満1,000万円を最低とし，
人口　18,100人　までは1人につき796円
　　　46,300人　までは1人につき442円
　　　152,200人　までは1人につき466円
　　　379,800人　までは1人につき229円を加算する。

[年間増加冊数]
人口　6,900人　未満5,574冊を最低とし，
人口　18,100人　までは1人につき0.32冊
　　　46,300人　までは1人につき0.30冊
　　　152,200人　までは1人につき0.24冊
　　　379,800人　までは1人につき0.17冊を加算する。

[職員数]
人口　6,900人　未満6人を最低とし，
人口　18,100人　までは100人につき0.025人
　　　46,300人　までは100人につき0.043人
　　　152,200人　までは100人につき0.041人
　　　379,800人　までは100人につき0.027人を加算する。

■基準値の算出例
たとえば人口50,000人の自治体の場合，必要な延床面積の算出は，下記の計算により，3,161 m^2 となる。
$1,080 + ((18,100 - 6,900) \times 0.05) + ((46,300 - 18,100) \times 0.05) + ((50,000 - 46,300) \times 0.03) = 1,080 + 560 + 1,410 + 111 = 3,161$

資料9　東京都日野市立図書館設置条例
（第9章関連）

昭和40年6月20日条例第12号

（設置）
第1条　図書その他の資料の収集及び提供を行い，市民の学習及び文化活動に資するため，図書館法（昭和25年法律第118号）第10条の規定により，日野市に図書館を設置する。

（構成）
第2条　図書館は，中央図書館及び分館によつて構成される。

（名称と位置）
第3条　中央図書館の名称及び位置は，次のとおりとする。
　　名称　日野市立中央図書館
　　位置　日野市豊田二丁目49番地
2　分館の名称及び位置は，別表で定める。
第4条　削除

(職員)
第5条　図書館には，館長1名，副館長1名，専門職員若干名，事務職員若干名を置く。なお，技術職員その他必要な職員を置くことができる。
2　図書館の館長は，図書館機能を達成するため，図書館法に定める専門的職員のほか館長として必要な学識経験を有する者とする。
3　図書館職員の定数は，日野市職員定数条例（昭和36年条例第25号）の定めるところによる。
(委任)
第6条　この条例に定めるもののほか，この条例の施行に関し必要な事項は，教育委員会規則で定める。
付　則　（略）
別表（第3条関係）（平成21条例25・一部改正）

名称	位置
日野市立高幡図書館	日野市三沢四丁目1番地の12
日野市立日野図書館	日野市日野本町七丁目5番地の14
日野市立平山図書館	日野市平山五丁目18番地の2
日野市立多摩平図書館	日野市多摩平二丁目9番地
市政図書室	日野市神明一丁目12番地の1
百草図書館	日野市百草204番地の1

資料10　**学校図書館法**（第10章関連）

昭和28年法律第185号

(この法律の目的)
第1条　この法律は，学校図書館が，学校教育において欠くことのできない基礎的な設備であることにかんがみ，その健全な発達を図り，もつて学校教育を充実することを目的とする。
(定義)
第2条　この法律において「学校図書館」とは，小学校（義務教育学校の前期課程及び特別支援学校の小学部を含む。），中学校（義務教育学校の後期課程，中等教育学校の前期課程及び特別支援学校の中学部を含む。）及び高等学校（中等教育学校の後期課程及び特別支援学校の高等部を含む。）（以下「学校」という。）において，図書，視覚聴覚教育の資料その他学校教育に必要な資料（以下「図書館資料」という。）を収集し，整理し，及び保存し，これを児童又は生徒及び教員の利用に供することによつて，学校の教育課程の展開に寄与するとともに，児童又は生徒の健全な教養を育成することを目的として設けられる学校の設備をいう。
(設置義務)
第3条　学校には，学校図書館を設けなければならない。
(学校図書館の運営)
第4条　学校は，おおむね左の各号に掲げるような方法によつて，学校図書館を児童又は生徒及び教員の利用に供するものとする。
一　図書館資料を収集し，児童又は生徒及び教員の利用に供すること。
二　図書館資料の分類排列を適切にし，及びその目録を整備すること。
三　読書会，研究会，鑑賞会，映写会，資料展示会等を行うこと。
四　図書館資料の利用その他学校図書館の利用に関し，児童又は生徒に対し指導を行うこと。
五　他の学校の学校図書館，図書館，博物館，公民館等と緊密に連絡し，及び協力すること。
2　学校図書館は，その目的を達成するのに支障のない限度において，一般公衆に利用させることができる。
(司書教諭)
第5条　学校には，学校図書館の専門的職務を掌らせるため，司書教諭を置かなければならない。
2　前項の司書教諭は，主幹教諭（養護又は栄養の指導及び管理をつかさどる主幹教諭を除く。），指導教諭又は教諭（以下この項において「主幹教諭等」という。）をもつて充てる。この場合において，当該主幹教諭等は，司書教諭の講習を修了した者でなければならない。
3　前項に規定する司書教諭の講習は，大学その他の教育機関が文部科学大臣の委嘱を受けて行う。
4　前項に規定するものを除くほか，司書教諭の講習に関し，履修すべき科目及び単位その他必要な事項は，文部科学省令で定める。
(学校司書)
第6条　学校には，前条第1項の司書教諭のほか，学校図書館の運営の改善及び向上を図り，児童又は生徒及び教員による学校図書館の利用の一層の促進に資するため，専ら学校図書館の職務に従事する職員（次項において「学校司書」という。）を置くよう努めなければならない。
2　国及び地方公共団体は，学校司書の資質の向上を図るため，研修の実施その他の必要な措置を講ずるよう努めなければならない。
(設置者の任務)
第7条　学校の設置者は，この法律の目的が十分に達成されるようその設置する学校の学校図書館を整備し，及び充実を図ることに努めなければならない。
(国の任務)
第8条　国は，第6条第2項に規定するもののほか，学校図書館を整備し，及びその充実を図るため，次の各号に掲げる事項の実施に努めなければならない。
一　学校図書館の整備及び充実並びに司書教諭の養成に関する総合的計画を樹立すること。
二　学校図書館の設置及び運営に関し，専門的，技術的な指導及び勧告を与えること。
三　前2号に掲げるもののほか，学校図書館の整備

及び充実のため必要と認められる措置を講ずること。
附則（抄）
（施行期日）
1　この法律は，昭和29年4月1日から施行する。
（司書教諭の設置の特例）
2　学校には，平成15年3月31日までの間（政令で定める規模以下の学校にあつては，当分の間），第5条第1項の規定にかかわらず，司書教諭を置かないことができる。
（略）
（施行期日）
1　この法律は，平成27年4月1日から施行する。
（検討）
2　国は，学校司書（この法律による改正後の学校図書館法（以下この項において「新法」という。）第6条第1項に規定する学校司書をいう。以下この項において同じ。）の職務の内容が専門的知識及び技能を必要とするものであることに鑑み，この法律の施行後速やかに，新法の施行の状況等を勘案し，学校司書としての資格の在り方，その養成の在り方等について検討を行い，その結果に基づいて必要な措置を講ずるものとする。
（以下，略）

資料11　文部科学省総合教育政策局の設置について　（第11・15章関連）
平成30年10月16日

平成30年10月，文部科学省は新時代の教育政策実現に向けた大きな組織再編を行います。

人生100年時代，超スマート社会（Society 5.0），グローバル化や人口減少など社会構造は急速に変化しており，教育を取り巻く環境も大きく変化していくと考えられます。

こうした変化に対応し，これをリードし，更に新しい価値を創造することのできる人間を育成していくためには，教育政策やその推進のための行政組織も不断に進化していかなければなりません。

このことを踏まえ，教育分野の筆頭局として総合教育政策局を設置し，

(1) 教育基本法に定める生涯学習の理念の実現に向け，1.教育振興基本計画の策定など総合的な教育政策を企画立案し推進するとともに，2.総合的かつ客観的な根拠に基づく政策を推進するための基盤整備を行います。

(2) 人材育成，環境整備，事業支援といった視点から，生涯にわたる学び，地域における学び，「ともに生きる学び」を推進します。

なお，生涯学習政策局は，これまでも教育分野の筆頭局として生涯学習社会の実現の推進を図ってきたところですが，今回の組織再編は，時代の大きな変化も踏まえてより一層強固に取組を推進していくために，体制の見直しを図るものです。

現在，総合教育政策局の設置のための文部科学省組織令の改正作業を進めているところであり，組織の名称や各部署の所掌については，同令の改正をもって正式に決定することになります。

（これまでの組織再編等の経緯）（略）

総合教育政策局設置の目指すもの

社会が大きく，かつ急速に変化する中で，生涯学習社会実現の重要性は一層高まっています。

一方で，生涯学習局又は生涯学習政策局が設置された後も，学校教育政策と社会教育政策とが縦割りで展開されているとの指摘もあり，生涯学習政策の一層強力な推進が不可欠と考えられます。

今回の組織再編により新たに設置される総合教育政策局は，これまでの取組を大きく前進させ，学校教育と社会教育を通じた包括的で一貫した教育政策をより強力かつ効果的に推進し，文部科学省の先頭に立って，誰もが必要なときに必要な教育を受け，また学習を行い，充実した生涯を送ることができる環境の実現を目指します。

局の名称については，学校教育・社会教育を通じた教育政策全体を総合的・横断的に推進する機能の重要性がより明確となるよう，「総合教育政策」を冠するものです。

総合教育政策局のミッション1：学校教育・社会教育を通じた総合的かつ客観的根拠に基づく教育政策を推進

総合教育政策局は，学校教育・社会教育を通じた様々な視点から教育政策全体を推進（立案・実施・評価・改善）する中核的機能を総合的に担い，総合的かつ客観的根拠に基づく教育政策の推進に取り組みます。

教育を支える専門人材の育成については，業務を一元化して政策の強化に取り組みます。

(1) 総合的かつ客観的根拠に基づく教育改革政策の推進
■政策課

教育政策推進の中核として，総合的・計画的な教育政策の企画立案・調整機能を有し，教育関係施策の総括及び調整を行います。

「中央教育審議会」の運営や「教育振興基本計画」の策定等において，社会の変化に対応し，「調査企画課」との緊密な連携の下，総合的かつ客観的根拠に基づく教育政策ビジョンを形成するとともに，当該ビジョンに基づく政策の立案をより効果的に推進します。

文部科学省総合教育政策局の設置について

■教育改革・国際課

　教育のグローバル化や情報化など我が国の教育環境の変化等を迅速に捉え，広く教育改革に関する動向の調整及び取りまとめを行い，時宜に適った教育改革を推進するとともに，次世代の教育の研究開発や実証研究を強化するため，新たに「教育改革・国際課」を設置します。

　「海外日本人学校の運営」や「国際理解教育の推進」を初等中等教育局から移管するなど教育分野の国際関連業務も担当し，国際的な動向を踏まえた教育政策の企画・推進を効果的に行います。

■調査企画課

　教育政策を効果的・確実に推進するため，教育における総合的かつ客観的根拠に基づく政策立案（Evidence-Based Policy Making：EBPM）を推進します。

　EBPMの推進に当たっては，数値化しやすい情報だけでなく，教育政策の本質に照らしその立案や評価を行うために必要となる様々な情報（実例や社会的ニーズ，関係者の意見等も含む）を地方や現場とも密接に連携しつつ総合的に把握・分析することが不可欠です。

　その上で，そこで得られた情報（根拠）や知見を政策遂行のプロセスにしっかりと反映させるとともに，国民への説明責任を果たすことが必要であり，これらに係る手法等を開発・形成・確立することが緊急の課題となっています。

　このため，既存の「調査統計企画室」を課に昇格させ，学校基本調査や社会教育調査等の基幹統計調査のほか，初等中等教育局から「全国学力・学習状況調査」を移管します。

　また，グローバルな視点から教育政策を検討するため，外国調査を担当するとともに，国立教育政策研究所とも連携を強化しつつ，国際動向を踏まえた，未来に向けての政策立案のため，総合的な情報の蓄積を図ります。

　これらを通じ，教育関係の政策調査等から得られる情報や知見を政策立案につなげる機能を強化します。

(2) 教育を支える専門人材育成政策の強化

■教育人材政策課

　従来初等中等教育局と高等教育局とに分かれて担当していた教員の養成・免許・研修についての業務を一元化し，より総合的・効果的に実施します。

　社会教育主事等の社会教育関係人材の養成・研修に関する業務も他の部局とも連携しつつ行うことで，教育を支える専門人材の育成政策の総合的な推進を目指します。

　（なお，学芸員に関する施策は，新たに文化庁が中心となり，総合教育政策局とも連携しながら，その充実を図っていくこととなります。）

＊新たな官房参事官の配置

　新たに大臣官房に参事官を置き，幼児期から高齢期に至るまで生涯を通じて教育と学習を継続できる環境を整える観点から，これまで各局において独立して対応していた教育財源に係る重要な課題について，総合教育政策局と密接に連携しつつ，機動的かつ効率的に関係府省や，関係局課等との調整，企画立案を実施します。

総合教育政策局のミッション2：生涯にわたる学び，地域における学び，ともに生きる学びの政策を総合的に推進

　総合教育政策局は，誰もが生涯にわたって豊かに生き生きと暮らし，互いを認め支え合い，活力ある社会を持続可能とするために必要な社会教育等の学びを一層推進します。

　このため，地域における様々な学習活動を支援するとともに，地域における学びを先導する人材の育成や社会教育施設の活性化等を推進するなど，社会教育の振興を強力に進めます。

(1) 人生100年時代を豊かに生きる「生涯にわたる学び」の推進

■生涯学習推進課

　人生100年時代においては，生涯にわたって職業人として活躍するための能力やスキルの育成を含め，学校教育・社会教育を通じた「生涯にわたる学び」を推進することがより重要なものとなります。

　このため，専修学校教育の振興に加え，大学等におけるリカレント教育や初等中等教育におけるキャリア教育・職業教育も含めた関係施策を取りまとめ，「だれでも，いつでも，どこでも学べる社会」を実現するための総合的な舵（かじ）取りをします。

　また，各種検定試験や高卒程度認定試験など学びの成果を適切に評価する仕組みの設計や運用を行うとともに，他府省の様々な生涯学習関連施策との協力を進めるなど，誰もが生涯に何度でも質の高い学習活動を行えるようにするための基盤整備に取り組みます。

(2) 活力ある社会を持続可能とする「地域における学び」の推進

■地域学習推進課

　人口減少社会において，活力ある社会を持続可能なものとするための鍵は，住民の主体的な社会参画にあります。

　住民一人一人の人生を豊かにする学習，少子高齢化や人口減少など地域が直面する課題の解決や地域活性化のための学習など「地域における学び」を学校教育とも連携しながら強力に推進します。

　また，学校や家庭との連携が不可欠な青少年教育及び家庭教育支援に関する業務を集約するとともに，社

会教育・青少年教育・家庭教育支援等に関する団体との連携の強化や施設の活性化等にも取り組みます。

(3) 互いを認め，支え合い，誰もが社会に参画する「ともに生きる学び」の推進
■男女共同参画共生社会学習・安全課
　互いを認め，支え合い，誰もが自信と誇りをもって社会に参画し，性別や国籍の違い，障害の有無などに関わらず人々が安全 安心に生き生きと暮らしていくためには，人々の社会参画と活躍の基盤となる学びの環境整備が必要です。
　男女共同参画社会基本法やそれに基づく政府の「男女共同参画基本計画」を踏まえた男女共同参画社会形成に関する学習活動，障害者の生涯学習や外国人児童生徒への指導など「ともに生きる学び」を総合的に支援し推進します。
　また，安全・安心な共生社会を実現するために，地域と密接に結びついた学校安全の推進や青少年の有害環境対策も一元的に担います。
　また，児童生徒等が自らの生命や身体を守るとともに，安全・安心な共生社会を実現するためには，地域と学校が連携し，学校の安全確保に取り組む体制を加速することが必要です。
　このため，安全教育を担う室を新設し，室長の下で，ネットを通じた犯罪被害防止など青少年の有害対策と併せて，安全教育をより充実した形で推進します。

＊「社会教育振興総括官」の配置
　生涯学習社会の実現に向けて，社会教育の振興は一層重要です。
　社会教育に関する業務は，生涯にわたる学び，地域における学び，「ともに生きる学び」など幅広く人々の学びを支援するものです。
　これを進めるためには，総合教育政策局はもとより，文化庁やスポーツ庁や学校教育担当部局における業務との連携が不可欠です。
　こうした局課を超えた社会教育に関する政策や業務の総合的な調整・推進は，特定の課を超えて，関係業務をより統括的に束ね，相互の有機的な連携を確保しながら全体を動かすことのできる立場の官職において担うことが適切と考えられます。
　このため，総合教育政策局に新たに「社会教育振興総括官」を配置し，関係業務の連携を緊密化するとともに，社会教育の一層の振興を図ります。
　平成 30 年 3 月に，文部科学大臣は中央教育審議会に対して「人口減少時代の新しい地域づくりに向けた社会教育の振興方策について」を諮問したところであり，「社会教育振興総括官」は，中央教育審議会における検討の取りまとめの中心となり，新時代の社会教育の在り方を構想し，実現を目指します。

　出典：文部科学省ホームページ
　　　　http://www.mext.go.jp/a_menu/other/1410115.htm（'19.3.31 現在参照可）

資料12　日野市行政組織図（第11章関連）

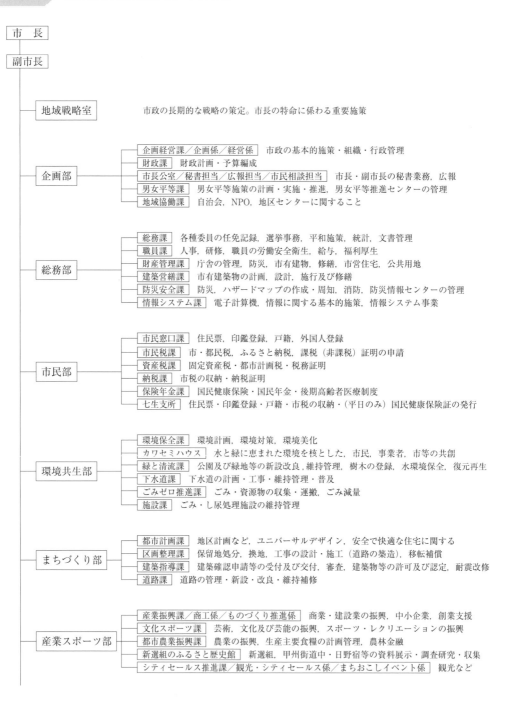

巻末資料　127

日野市行政組織図

- 健康福祉部
  - 福祉政策課　民生委員・児童委員，日赤
  - 生活福祉課　生活保護
  - 障害福祉課　身体障害者福祉，知的障害者福祉，心身障害者在宅福祉支援事業
  - 高齢福祉課　敬老行事，老人クラブ，高齢者住宅事業，高齢者見守り
  - 健康課　各種健康診査・検診，健康相談，母子保健事業，予防接種
  - セーフティネットコールセンター　福祉の総合相談窓口，ひきこもり，困窮者自立支援
  - 在宅療養支援課　在宅療養推進，地域支援事業（在宅医療・介護連携推進事業）
  - 発達支援課　子どもの発達に係る相談，支援及び指導，発達・教育支援センターの管理運営
- 子ども部
  - 子育て課　放課後子ども教室，地域の青少年育成，児童手当，児童館・学童クラブ
  - 保育課　保育所，市立保育園，民間保育園，家庭福祉員，私立幼稚園
  - 子ども家庭支援センター　子どもと家庭の問題，子育て相談，虐待相談
- 教育部
  - 庶務課　教育委員会定例会，学校環境の整備，学校事務の集中管理
  - 学校課　学校・幼稚園，入学・転校手続き，学校制度，学校給食
  - 教育支援課　特別支援教育，就学相談，教育相談・支援
  - 生涯学習課　生涯学習の振興，芸術，文化及び芸能の振興，文化財の調査・保護・啓蒙・普及
  - ICT活用教育推進室　情報環境の整備・運用支援，ICT活用支援・教育的支援
  - 図書館　図書館資料の収集・整理・保存・貸出に関すること
  - 公民館　公民館各種事業の企画運営
  - 郷土資料館　郷土資料の収集・展示・保管
  - 教育センター　教育の調査・研究・研修・相談
- 市立病院　診療・看護・診療技術・病院事務に関すること
- 会計課　支出の審査・確認，現金の出納・保管
- 議会事務局　議案・請願・陳情等の受理，会議記録，議会だよりの発行，議員報酬
- 選挙管理委員会事務局　各種選挙の管理執行，直接請求
- 監査委員事務局　監査・審査・検査等の執行
- 農業委員会事務局　農業の改善・振興・調査，農地利用
- 東京都水道局日野サービスステーション／東京都水道局多摩お客様センター　水道・下水道料金の収納・水道施設・給水装置・浄水所管理

出典：日野市ホームページより作成

資料13 **Library Bill of Rights**
（第13章関連）

The American Library Association affirms that all libraries are forums for information and ideas, and that the following basic policies should guide their services.

I. Books and other library resources should be provided for the interest, information, and enlightenment of all people of the community the library serves. Materials should not be excluded because of the origin, background, or views of those contributing to their creation.

II. Libraries should provide materials and information presenting all points of view on current and historical issues. Materials should not be proscribed or removed because of partisan or doctrinal disapproval.

III. Libraries should challenge censorship in the fulfillment of their responsibility to provide information and enlightenment.

IV. Libraries should cooperate with all persons and groups concerned with resisting abridgment of free expression and free access to ideas.

V. A person's right to use a library should not be denied or abridged because of origin, age, background, or views.

VI. Libraries which make exhibit spaces and meeting rooms available to the public they serve should make such facilities available on an equitable basis, regardless of the beliefs or affiliations of individuals or groups requesting their use.

Adopted June 19, 1939. Amended October 14, 1944; June 18, 1948; February 2, 1961; June 27, 1967; and January 23, 1980; inclusion of "age" reaffirmed January 23, 1996, by the ALA Council.

資料14 **図書館の自由に関する宣言**
（第13章関連）
日本図書館協会
1954年採択
1979年5月30日改訂，総会決議

図書館は，基本的人権のひとつとして知る自由をもつ国民に，資料と施設を提供することをもっとも重要な任務とする。

1. 日本国憲法は主権が国民に存するとの原理にもとづいており，この国民主権の原理を維持し発展させるためには，国民ひとりひとりが思想・意見を自由に発表し交換すること，すなわち表現の自由の保障が不可欠である

　知る自由は，表現の送り手に対して保障されるべき自由と表裏一体をなすものであり，知る自由の保障があってこそ表現の自由は成立する。

　知る自由は，また，思想・良心の自由をはじめとして，いっさいの基本的人権と密接にかかわり，それらの保障を実現するための基礎的な要件である。それは，憲法が示すように，国民の不断の努力によって保持されなければならない。

2. すべての国民は，いつでもその必要とする資料を入手し利用する権利を有する。この権利を社会的に保障することは，すなわち知る自由を保障することである。図書館は，まさにこのことに責任を負う機関である。

3. 図書館は，権力の介入または社会的圧力に左右されることなく，自らの責任にもとづき，図書館間の相互協力をふくむ図書館の総力をあげて，収集した資料と整備された施設を国民の利用に供するものである。

4. わが国においては，図書館が国民の知る自由を保障するのではなく，国民に対する「思想善導」の機関として，国民の知る自由を妨げる役割さえ果たした歴史的事実があることを忘れてはならない。図書館は，この反省の上に，国民の知る自由を守り，ひろげていく責任を果たすことが必要である。

5. すべての国民は，図書館利用に公平な権利をもっており，人種，信条，性別，年齢やそのおかれている条件等によっていかなる差別もあってはならない。

　外国人も，その権利は保障される。

6. ここに掲げる「図書館の自由」に関する原則は，国民の知る自由を保障するためであって，すべての図書館に基本的に妥当するものである。

　この任務を果たすため，図書館は次のことを確認し実践する。

第1　図書館は資料収集の自由を有する

1. 図書館は，国民の知る自由を保障する機関として，国民のあらゆる資料要求にこたえなければならない。

2. 図書館は，自らの責任において作成した収集方針にもとづき資料の選択および収集を行う。その際，
　(1) 多様な，対立する意見のある問題については，それぞれの観点に立つ資料を幅広く収集する。
　(2) 著者の思想的，宗教的，党派的立場にとらわれて，その著作を排除することはしない。
　(3) 図書館員の個人的な関心や好みによって選択を

しない。
　（4）個人・組織・団体からの圧力や干渉によって収集の自由を放棄したり，紛糾をおそれて自己規制したりはしない。
　（5）寄贈資料の受入にあたっても同様である。図書館の収集した資料がどのような思想や主張をもっていようとも，それを図書館および図書館員が支持することを意味するものではない。
3．図書館は，成文化された収集方針を公開して，広く社会からの批判と協力を得るようにつとめる。

第2　図書館は資料提供の自由を有する
1．国民の知る自由を保障するため，すべての図書館資料は，原則として国民の自由な利用に供されるべきである。
　　図書館は，正当な理由がないかぎり，ある種の資料を特別扱いしたり，資料の内容に手を加えたり，書架から撤去したり，廃棄したりはしない。
　　提供の自由は，次の場合にかぎって制限されることがある。これらの制限は，極力限定して適用し，時期を経て再検討されるべきものである。
　（1）人権またはプライバシーを侵害するもの
　（2）わいせつ出版物であるとの判決が確定したもの
　（3）寄贈または寄託資料のうち，寄贈者または寄託者が公開を否とする非公刊資料
2．図書館は，将来にわたる利用に備えるため，資料を保存する責任を負う。図書館の保存する資料は，一時的な社会的要請，個人・組織・団体からの圧力や干渉によって廃棄されることはない。
3．図書館の集会室等は，国民の自主的な学習や創造を援助するために，身近にいつでも利用できる豊富な資料が組織されている場にあるという特徴を持っている。
　　図書館は，集会室等の施設を，営利を目的とする場合を除いて，個人，団体を問わず公平な利用に供する。
4．図書館の企画する集会や行事等が，個人・組織・団体からの圧力や干渉によってゆがめられてはならない。

第3　図書館は利用者の秘密を守る
1．読者が何を読むかはその人のプライバシーに属することであり，図書館は，利用者の読書事実を外部に漏らさない。ただし，憲法第35条にもとづく令状を確認した場合は例外とする。
2．図書館は，読書記録以外の図書館の利用事実に関しても，利用者のプライバシーを侵さない。
3．利用者の読書事実，利用事実は，図書館が業務上知り得た秘密であって，図書館活動に従事するすべての人びとは，この秘密を守らなければならない。

第4　図書館はすべての検閲に反対する
1．検閲は，権力が国民の思想・言論の自由を抑圧する手段として常用してきたものであって，国民の知る自由を基盤とする民主主義とは相容れない。
　　検閲が，図書館における資料収集を事前に制約し，さらに，収集した資料の書架からの撤去，廃棄に及ぶことは，内外の苦渋にみちた歴史と経験により明らかである。
　　したがって，図書館はすべての検閲に反対する。
2．検閲と同様の結果をもたらすものとして，個人・組織・団体からの圧力や干渉がある。図書館は，これらの思想・言論の抑圧に対しても反対する。
3．それらの抑圧は，図書館における自己規制を生みやすい。しかし図書館は，そうした自己規制におちいることなく，国民の知る自由を守る。

図書館の自由が侵されるとき，われわれは団結して，あくまで自由を守る。
1．図書館の自由の状況は，一国の民主主義の進展をはかる重要な指標である。図書館の自由が侵されようとするとき，われわれ図書館にかかわるものは，その侵害を排除する行動を起こす。このためには，図書館の民主的な運営と図書館員の連帯の強化を欠かすことができない。
2．図書館の自由を守る行動は，自由と人権を守る国民のたたかいの一環である。われわれは，図書館の自由を守ることで共通の立場に立つ団体・機関・人びとと提携して，図書館の自由を守りぬく責任をもつ。
3．図書館の自由に対する国民の支持と協力は，国民が，図書館活動を通じて図書館の自由の尊さを体験している場合にのみ得られる。われわれは，図書館の自由を守る努力を不断に続けるものである。
4．図書館の自由を守る行動において，これにかかわった図書館員が不利益をうけることがあってはならない。これを未然に防止し，万一そのような事態が生じた場合にその救済につとめることは，日本図書館協会の重要な責務である

資料15　図書館員の倫理綱領
（第13章関連）
日本図書館協会 1980年6月4日総会決議

　この倫理綱領は，「図書館の自由に関する宣言」によって示された図書館の社会的責任を自覚し，自らの職責を遂行していくための図書館員としての自律的規範である。
1．この綱領は，「図書館の自由に関する宣言」と表裏一体の関係にある。この宣言に示された図書館の社会的責任を日常の図書館活動において果たしていくのは，職業集団としての内容の充実によらなければならない。この綱領は，その内容の充実を目標とし，図書館員としての職責を明らかにすることによって，自らの姿勢をただすための自律的規範である。したがってこの綱領は，単なる徳目の列挙や権利の主張を目的とするものでなく，すべての館種に共通な図書館員のあり方を考え，共通な基盤を拡大

図書館員の倫理綱領

することによって，図書館を社会の有用な機関たらしめようという，前向きでしかも活動的なものである。

この綱領でいう図書館員とは，図書館に働くすべての職員のことである。綱領の各条項の具体化に当たっては，図書館長の理解とすぐれた指導力が不可欠である。

2. 綱領の内容はこれまでの図書館活動の実践の中から生まれたものである。それを倫理綱領という形にまとめたのは，今や個人の献身や一館の努力だけでは図書館本来の役割を果たすことができず，図書館員という職業集団の総合的な努力が必要となり，かつ図書館員のあるべき姿を，図書館員と利用者と，図書館を設置する機関または団体との三者が，共に考えるべき段階に立ち至ったからである。

3. この綱領は，われわれの図書館員としての自覚の上に成立する。したがってその自覚以外にはいかなる拘束力もない。しかしながら，これを公表することによって，われわれの共通の目的と努力，さらにひとつの職業集団としての判断と行動とを社会に誓約することになる。その結果，われわれはまず図書館に大きな期待を持つ人びとから，ついで社会全体からのきびしい批判に自らをさらすことになる。

この批判の下での努力こそが，図書館員という職業集団への信頼を生む。図書館の専門性は，この信頼によってまず利用者に支えられ，さらに司書職制度という形で確認され，充実されねばならない。そしてその専門性がもたらす図書館奉仕の向上は，すべて社会に還元される。そうした方向へわれわれ図書館員全体が進む第一歩がこの倫理綱領の制定である。

4. この綱領は，すべての図書館員が館種，館内の地位，職種及び司書資格の有無にかかわらず，綱領を通して図書館の役割を理解し，綱領実現への努力に積極的に参加することを期待している。さらに，図書館に働くボランティアや図書館同種施設に働く人びと，地域文庫にかかわる人びと等による理解をも望んでいる。

5. 綱領の構成は，図書館員個人の倫理規定にはじまり，組織体の一員としての図書館員の任務を考え，ついで図書館間および図書館以外の人びととの協力に及び，ひろく社会における図書館員の果たすべき任務に至っている。

(図書館員の基本的態度)

第1　図書館員は，社会の期待と利用者の要求を基本的なよりどころとして職務を遂行する。

図書館は社会の期待と利用者の要求の上に成立する。そして，ここから国民の知る自由の保障という図書館の目的も，またすべての国民への資料提供という基本機能も導き出される。したがって，図書館へのあらゆる期待と要求とを的確に把握し，分析し，かつ予測して，期待にこたえ，要求を実現するように努力す

ることこそ，図書館員の基本的な態度である。

(利用者に対する責任)

第2　図書館員は利用者を差別しない。

国民の図書館を利用する権利は平等である。図書館員は，常に自由で公正で積極的な資料提供に心がけ，利用者をその国籍，信条，性別，年齢等によって差別してはならないし，図書館に対するさまざまな圧力や干渉によって利用者を差別してはならない。また，これまでサービスを受けられなかった人びとに対しても，平等なサービスがゆきわたるように努力すべきである。

第3　図書館員は利用者の秘密を漏らさない。

図書館員は，国民の読書の自由を保障するために，資料や施設の提供を通じて知りえた利用者の個人名や資料名等をさまざまな圧力や干渉に屈して明かしたり，または不注意に漏らすなど，利用者のプライバシーを侵す行為をしてはならない。このことは，図書館活動に従事するすべての人びとに課せられた責務である。

(資料に関する責任)

第4　図書館員は図書館の自由を守り，資料の収集，保存および提供につとめる。

図書館員は，専門的知識と的確な判断とに基づいて資料を収集し，組織し，保存し，積極的に提供する。そのためには，資料の収集・提供の自由を侵すいかなる圧力・検閲をも受け入れてはならないし，個人的な関心や好みによる資料の収集・提供をしてはならない。図書館員は，私的報酬や個人的利益を求めて，資料の収集・提供を行ってはならない。

第5　図書館員は常に資料を知ることにつとめる。

資料のひとつひとつについて知るということは決して容易ではないが，図書館員は常に資料を知る努力を怠ってはならない。資料についての十分な知識は，これまでにも図書館員に対する最も大きな期待のひとつであった。図書館に対する要求が飛躍的に増大している今日，この期待もいちだんと高まっていることを忘れてはならない。さらに，この知識を前提としてはじめて，潜在要求をふくむすべての要求に対応し，資料の収集・提供活動ができることを自覚すべきである。

(研修につとめる責任)

第6　図書館員は個人的，集団的に，不断の研修につとめる。

図書館員が専門性の要求をみたすためには，(1)利用者を知り，(2)資料を知り，(3)利用者と資料を結びつけるための資料の適切な組織化と提供の知識・技術を究明しなければならない。そのためには，個人的，集団的に日常不断の研修が必要であり，これらの研修の成果が，図書館活動全体を発展させる専門知識として集積されていくのである。その意味で，研修は図書館員の義務であり権利である。したがって図書館員は，自主的研修にはげむと共に研修条件の改善に努力し，制度としての研修を確立するようつとめるべきで

ある。
(組織体の一員として)

第7　図書館員は，自館の運営方針や奉仕計画の策定に積極的に参画する。

個々の図書館員が積極的な姿勢をもたなければ，図書館は適切・円滑に運営することができない。図書館員は，その図書館の設置目的と利用者の要求を理解し，全員が運営方針や奉仕計画等を十分理解していなければならない。そのためには，図書館員は計画等の策定にたえず関心をもち，積極的に参加するようつとめるべきである。

第8　図書館員は，相互の協力を密にして，集団としての専門的能力の向上につとめる。

図書館がその機能を十分に果たすためには，ひとりの図書館員の力だけでなく，職員集団としての力が発揮されなければならない。このためには，図書館員は同一職種内の協調と共に，他職種の役割をも正しく理解し，さらに，地域および全国規模の図書館団体に結集して図書館に働くすべての職員の協力のもとに，それぞれの専門的知識と経験を総合する必要がある。図書館員の専門性は，現場での実践経験と不断の研修及び職員集団の協力によって高められるのであるから，図書館員は，経験の累積と専門知識の定着が，頻繁すぎる人事異動や不当配転等によって妨げられないようつとめるべきである。

第9　図書館員は，図書館奉仕のため適正な労働条件の確保につとめる。

組織体の一員として図書館員の自覚がいかに高くても，劣悪な労働条件のもとでは，利用者の要求にこたえる十分な活動ができないばかりか，図書館員の健康そのものをも維持しがたい。適正数の職員配置をはじめ，労働災害や職業病の防止，婦人図書館員の母性保護等，適切な図書館奉仕が可能な労働条件を確保し，働きやすい職場づくりにつとめる必要がある。図書館員は図書館奉仕の向上のため，図書館における労働の独自性について自ら追求すべきである。
(図書館間の協力)

第10　図書館員は図書館間の理解と協力につとめる。

図書館が本来の目的を達成するためには，一館独自の働きだけでなく，組織的に活動する必要がある。各図書館は館種・地域・設置者の別をこえ，理解と協力につとめるべきである。図書館員はこのことをすべて制度上の問題に帰するのでなく，自らの職業上の姿勢としてとらえなければならない。図書館間の相互協力は，自館における十分な努力が前提となることを忘れてはならない。
(文化の創造への寄与)

第11　図書館員は住民や他団体とも協力して，社会の文化環境の醸成につとめる。

図書館は孤立した存在であってはならない。地域社会に対する図書館の協力は，健康で民主的な文化環境を生み出す上に欠くことができない。他方，この文化環境によって図書館の本来の機能は著しい発達をうながされる。図書館員は住民の自主的な読書運動や文庫活動等をよく理解し，図書館の増設やサービス改善を求める要求や批判に，謙虚かつ積極的にこたえなければならない。さらに，地域の教育・社会・文化諸機関や団体とも連携を保ちながら，地域文化の向上に寄与すべきである。

第12　図書館員は，読者の立場に立って出版文化の発展に寄与するようつとめる。

出版の自由は，単に資料・情報の送り手の自由を意味するのではなく，より根本的に受け手の知る自由に根ざしている。この意味で図書館は，読者の立場に立って，出版物の生産・流通の問題に積極的に対処する社会的役割と責任を持つ。また図書館員は，「図書館の自由に関する宣言」の堅持が，出版・新聞放送等の分野における表現の自由を守る活動と深い関係を持つことを自覚し，常に読者の立場に立ってこれら関連分野との協力につとめるべきである。

日本図書館協会は，わが国の図書館の現状にかんがみこの倫理綱領を作成し，提唱する。本協会はこの綱領の維持発展につとめると共に，この綱領と相いれない事態に対しては，その改善に向って不断に努力する。

出典：日本図書館協会ホームページ
　　http://www.jla.or.jp/library/gudeline/tabid/233/Default.aspx（'19.3.31 現在参照可）

索　引

AI（人工知能）　11
aids to readers　42
AV 資料　18
CIE（民間情報教育局）　45
CIE 図書館　45
CiNii　63
CiNii-books　62
e-learning　54
GHQ　45
IASL（国際学校図書館協会）　72
IC タグ　50
IFLA（国際図書館連盟）　71
ILL（図書館間相互貸借）　16,21,47
IoE　98
IoT　98
JAPAN/MARC　51
J-STAGE　63
library　12
Library Bill of Rights　82,128
L プラン 21　53
MARC（機械可読目録）　50
metadata　67
NACSIS　50
NACSIS-CAT　62
NACSIS-ILL　62
NII（国立情報学研究所）　51,55,62
NII-REO　63
OCLC　50,55,72
OECD（経済協力開発機構）　27
OPAC　16
PISA　27
public library　6
Q and A サイト　88
SIBL　89
Society5.0　97
SPARC　63
SPARC Japan（国際学術情報流通基盤整備事業）　63
teaching library　57
UNESCO　10,38,72
WorldCat　72

|あ|

愛国者法　83
アウトカム指標　54
アウトソーシング　22

アウトプット指標　54
アウトリーチサービス　17
青柳館文庫　36
アーカイブ　67
秋田県立図書館　44
アーキビスト　69
アジア歴史資料センター　69
足利学校　36,37
アッシュールバニパル王　34
アメリカ図書館協会評議会　82
アメリカ議会図書館　58
アリアドネ　52
有山崧　46
アルキメデス　35
アルマンゾル　81
アレクサンドリア　34
怒りの葡萄　82
生きる力　14,25
射和文庫　37
意志決定の基本的要素　25
石上宅嗣　35
板坂卜斎　36
市川市立図書館（千葉県）　78
伊藤東涯　36
移動図書館　8,57,90
今西錦司　33
インターネット　10,19,51,83,88
インターネット資料収集保存事業（WARP）　59
インプット指標　54
ウィリアム・アンド・メリー・カレッジ　40
ウィーン市立図書館　9
受入　20
ウルク古文書　33
雲橋社文庫　36
芸亭　35
英国公共図書館運動の父　41
英国図書館　58
英国図書館協会　41
エジプト　33,34
閲覧　15
江戸浅草文庫　36
エドワード・エドワーズ　41
エフェソスの図書館（現トルコ）　9
絵文字　32
エラトステネス　35

円形閲覧室　41,43
大泉町立図書館（群馬県）　8
大型本コーナー　7
大惣　37
大牟田市立図書館（福岡県）　47
岡山藩の経宜堂　36
置戸町立図書館（北海道）　47
尾崎紅葉　37
オープンアクセス　63,64
音楽図書館　57
オンライン利用者目録　16

|か|
会員制図書館　41
開架制　45
外部化　22,89
外務省外交史料館　69
カエサル　35
科学技術基本計画　97
科学技術振興法　97
学社融合　65
学社連携　65
学習障がい　16
学習図書館　56,62
学術機関リポジトリ　64
学術機関リポジトリポータル（JAIRO）　64
学術雑誌　62
学術雑誌センター館　62
学術情報センター　50
学術図書館　57
学童クラブ　69
学部図書館　62
貸出　15,21,22,48
貸出記録　21
貸出図書館　56
貸出密度　17,49
貸本屋　37
仮想図書館　57
課題解決　16
課題解決型図書館　87
語り部　32
価値論　13
学校教育法　64
学校司書　64
学校図書館　8,64
学校図書館法　64,122
家庭文庫　69
金沢文庫　35
カラカラ浴場　9
巻子本　9,33

間接サービス　22
機関リポジトリ　63
危機管理　75
記述目録作業　20-22
規制緩和　52
規制緩和論　30
寄託図書館　56
基本的人権　27,80
義務設置　64
教育委員会　52,70
教育機能　13,48,54
教育基本法　26,104
共同目録作業　42,50,62
業務開発　22,89
協力レファレンス　42
近代公共図書館の5原則　38
近代デジタルライブラリー　59
グーテンベルク　78
宮内庁書陵部　69
久米邦武　44
クレオパトラ7世　35
クレーマー　76
継続刊行資料　18
研究図書館　56,62
健康寿命　94,95
検収　20
現代アレクサンドリア図書館　10
憲法　24
公開の原則　38
後期高齢者　94,95
公共図書館　6,59
　——の成立　40
格子なき図書館　45
高集客力図書館　87
幸田露伴　37
高度経済成長期　46
購入希望　40
公費支弁の原則　38
幸福追求の権利　24,25
公文書館　68
公文書館法　69
公文書等の管理に関する法律　69
公民館　68,74,96
公立書籍館　44
公立図書館　59,74
公立図書館の設置および運営に関する基準案　52
公立図書館の設置及び運営上の望ましい基準　53
公立図書館の任務と目標　60,76,114
高齢化社会　94
高齢社会　94

高齢者サービス 16,96
古義堂文庫 36
国際協調主義 27
国際子ども図書館 58
国文学研究資料館 69
国民主権 27,80
国立研究開発法人科学技術振興機構（JST） 63
国立公文書館 69
国立公文書館法 69,112
国立国会図書館 46,58
　　──雑誌記事検索 51
　　──デジタルコレクション 59,61
国立図書館 57,61
心の滋養 25,26
古事記 32
子育て支援 7
古代アレクサンドリア図書館 9,35
小平市立図書館（東京都） 50
孤独死 95
コピーカタロギング 22,62
こらむ図書館の自由 84
これからの図書館像 54,86
　　──検討協力者会議 54
コンビニエンスストア図書取次事業 90
コンピュータ 10,50
コンピュータ目録 21

| さ |

佐伯文庫 36
佐野友三郎 45
参考図書館 56
自己決定 25
自己責任 25
自己選択 25
自己判断 25
司書 74,89
司書教諭 64
司書補 74
システム 18,23
思想信条の自由 81
視聴覚コーナー 7
視聴覚資料 18
市長部局 71
実質貸出密度 17,49
質問回答サービス 15
指定管理者 75
指定管理者制度 92,98
自動貸出装置 22
児童館図書室 69
児童コーナー 8

児童サービス 16
自動車図書館 57
児童図書館 57
児童福祉施設の整備及び運営に関する基準 69
児童福祉法 69
市民の図書館 48
社会教育機関 59,68,76,70,994
社会教育主事 70
社会教育調査 74,92
社会教育法 26,76,59,60,68,102
社会的記憶装置 33,34
社会の変化に対応した今後の社会教育行政の在り方について 29,53
ジャントークラブ 40
収集 20,22
修道院図書館 10
修理・製本 21
自由理論（最大理論） 14
主題目録作業 20-22
主任図書館員 43
巡回図書館 57
巡回文庫 45
生涯学習 29,54
生涯学習社会 15,28
生涯学習振興のための施策の推進体制等の整備に関する法律 29
障害者サービス 16,17
象形文字 33
彰考館文庫 36
少子高齢化 94
昌平坂学問所 36
情報 19,25
情報提供機能 13,15,48,54
商用マーク 55
条例 59
書架スペース 7
書誌データ 50
書籍館 44
書誌ユーティリティー 50
ショッピングモール 88
書物奉行 36
シリアルズクライシス 62
市立図書館 59
私立図書館 6
資料 19
資料交換 42
「資料取り寄せ」サービス 16
シルバーサービス 16,96
シルバー支援 7
人口減少社会 94

人工知能　97
人生 100 年時代　94,96
新聞・雑誌コーナー　7
図書寮　35
スタインベック　82
ストーリーテリング　16,32,37
角倉素庵　36
青年の家　68
前期高齢者　94,95
選書　20,22
選書理論　13
専門図書館　65
総合教育政策局　70,93
総合目録　51,55
蔵書回転率　48
蔵書検索　16
蔵書データベース　50
蔵書点検　98
装備　20
尊経閣文庫　36
組織化　20,22
ソーシャルライブラリ　41
蔵書目録　21

|た|
第 1 回全米図書館大会　41
第一線図書館　47
大英博物館図書館　9,41
大学設置基準　62
大学図書館　8,62
大統領図書館　69
第二線図書館　47
第二の知識　28
台北市立図書館（台湾）　9
大宝律令　35
第 4 次産業革命　97
タウン・ハウス　40
田中不二麿　44
多文化サービス　17
玉名市民図書館（熊本県）　77
団塊の世代　14,95
短期大学設置基準　62
単身独居　95
地域学習推進課　70,94
地域電子図書館構想検討協力者会議　52,53
地域文庫　69
逐次刊行物　18
蓄積型図書館　44,56
知識　27,28,88,96
知識基盤社会　27,31,53

地中海世界のデータベース　35
知的自由　81-83
地方自治法　52,92
地方分権推進法　29
地方分権の推進を図るための関係法律の整備等に関する法律（地方分権一括法）　53
地方分権論　30
仲介機能　12
中国国家図書館　58
中小都市における公共図書館の運営（中小レポート）　42,46,48,76,88
春川市立図書館（韓国）　9
超高齢社会　94
超スマート社会　94,97,99
直接サービス　22
千代田区立千代田図書館（東京都）　11
青州市立図書館（韓国）　9
通俗図書館　57
つくば市立中央図書館（茨城県）　98
坪内逍遥　37
デイ・アフター・トゥモロー　78
定期刊行物　18
提供　21,22
帝国図書館　44
ディスレクシア　16
テクニカルサービス　22
デジタル図書館　11,57
データベース　10,19
テーマパーク　8,88
デューイの十進分類法　42
寺子屋　36
展開の時代　48
電子アーカイブ　64
展示コーナー　6
電子雑誌　18
電子書籍　10,51
電子書物　51
電子資料　19,51
電子図書館　10,52,57
点字図書館　57
伝承　32
電子ライブラリコンソーシアム　52
伝達メディア　19
伝統的教科書的業務モデル　19,22,89
東京図書館　44
徳川家康　36
読書記録　81
特定非常災害　26
所沢市立図書館（埼玉県）　90
図書　18

図書館員　12,74
　　——冥利　75
図書館員の倫理綱領　84,129
図書館学の5法則　39
図書館間相互貸借　16
図書館協議会　71
図書館協力　42
図書館憲章　84
図書館雑誌　45,84
図書館システム　42
図書館実習　76
図書館情報資源　19
図書館資料　18,19,23
図書館設置基準　54
図書館戦争　83
図書館専門職　74
図書館総合展　73
図書館長　76
図書館同種施設　69
図書館友の会　15,71
図書館ネットワーク　42
図書館の機能　13
図書館の教育意図　22
図書館の業務モデル　20
図書館の権利の宣言　82
図書館の三大構成要素　12
図書館の社会的意義　24
図書館の自由　31,83
図書館の自由に関する宣言　83,128
図書館の種類　56
図書館の業務モデル　18
図書館の設置及び運営上の望ましい基準　53,93,108
図書館は深化する有機体である　13,39
図書館パフォーマンス指標　55
図書館評価　54,60
図書館法　6,23,26,46,52,54,59,74,80,100
図書館法（英国）　41
図書館メディア　19
図書館令　44,73
ドラッガー，P.　27
トラベリングライブラリ　42,57,108

| な |
内閣文庫　69
内心の自由　81
長門屋　37
ナチスドイツ　81,82
2005年の図書館像〜地域電子図書館の実現に向けて　53
2007年問題　14

2025年問題　14,76,95
ニップール　34
ニネヴェ　34
日本アーカイブス学会　69
日本国憲法　26,27,80,106
日本図書館協会（JLA）　26,45,46,72,84,92
日本文庫協会　45,72
ニューヨーク公共図書館　9
認知症　94
ネットワーク型メディア　19
ネットワーク情報資源　19,51
年間貸出冊数　15,17
粘土版　33
納本制度　36,58
能勢町立図書館（大阪府）　77
望まし基準　52

| は |
配架　7,21
廃棄型図書館　56
ハイブリッド図書館　10,52,53,57
パイロット電子図書館プロジェクト　59
パイロット電子図書館実証実験　52
ハインリヒ・ハイネ　81
博物館　26,68,73,74
博物資料　19
バーコードラベル　50
パスファインダー　23
バーチャル図書館　11
パッケージ型メディア　19
発信型図書館　52
発注　20
場としての図書館　8
場の演出機能　14,87
ハーバードカレッジ　40
パピルス　9,33,37
パブリックサービス　22
パブリックライブラリ　40,41
林羅山　36
藩校　36
ビジネス支援　7,89
ビジネス支援図書館推進協議会　54
美術館　68
ピナケス　35
日野市行政組織図　126
日野市立図書館（東京都）　6,15,22,47,71,86,90
日野市立図書館設置条例　121
ひまわり号　47,77,91
飛躍の時代　47
表意文字　33

病院図書館　57
フィラデルフィア図書館会社　41
フィルタリングソフト　83
フィルムライブラリ　68
フォトライブラリ　68
福岡藩櫛田神社の文庫桜雲館　36
福沢諭吉　44
富士見亭文庫　36
二葉亭四迷　37
仏教図書館　57
ブックスタート　16
ブックトーク　16
ブックモビル　45
フットルース　81
物理的図書館　57
不定期刊行物　18
プトレマイオス1世　34
文殿　35
ブラウジングコーナー　7
フランス国立中央文書館　69
文献探索　16
文献複写　16,21
文書館　68
焚書　81,82
分担収集　42
分担目録作業　50,62
米国国立公文書館　69
米国図書館協会（ALA）　42,82,83
ペイシストラトス　34
平和主義　27,80
ペッパー　97
ヘレニズム時代　34
返却　21
ベンジャミン・フランクリン　40
防衛省防衛研究所図書館　69
放課後児童健全育成事業　69
法的根拠の原則　38
保守理論（最小理論）　14
ボストン　41
ボストン公共図書館　9,40,76
ボストン市に公共図書館を設立し維持する権限を付与する法律　41
保存　21,22
保存図書館　56
ホームページ　18

|ま|
マイクロ資料　19
前川恒雄　47,48
マーク　50

マンチェスタ市立図書館　41
民間マーク　55
民主主義　27,30,45,83
民主主義社会　24,25
民主的運営の原則　39
みんなの図書館　15,59
ムーセイオン　35
無料貸本屋　83,86
無料の原則　38
目加田種太郎　44
メソポタミア　33,34
メタデータ　64,67
メディア　23
目録　21
目録所在情報サービス　62
模索の時代　46
紅葉山文庫　36,44
文部科学省　70,93
文部科学省総合教育政策局の設置について　123
文部省図書館員教習所　45

|や|
山口県立図書館　44
大和市立図書館（神奈川県）　8,87
山中湖情報創造館（山梨県）　98
ヤングアダルト　16,17
ユネスコ公共図書館宣言　38,72
要求論　13
羊皮紙冊子本　10
陽明文庫　36
読み聞かせ　16
予約　16
四十二行聖書　78

|ら|
ライブラリアンシップ　75,76,78
ラーニングコモンズ　15
ラムゼウス神殿　34
ランガナータン, S.R.　39
リクエスト　16,40
リソースシェアリング　42
利用者　13
良心の自由　81
利用登録率　86
臨時教育審議会　29
類縁機関　68
レファレンスサービス　6,14,15,21,22,45,89
　　——の理論　14
レフェラルサービス　16
老々介護　95

ロシア国立図書館　58
ロボット　11,97

ロボットスーツ HAL®　98,99

<監　修>

二村　　健　明星大学教授

<著　者>

二村　　健（にむら・けん）
図書館情報大学図書館情報学研究科（修士課程）修了。現在，明星大学教育学部教授。公益社団法人全国学校図書館協議会理事。
主な著書に，『新・生活のなかの図書館』（学文社・共著），『情報メディアの活用』（学文社・監修編著），『司書教諭・学校司書のための学校図書館必携：理論と実践』（悠光堂・共著），バーバラ・A. シュルツ＝ジョーンズ，ダイアン・オバーグ編著，全国学校図書館協議会監修，大平睦美・二村健編訳『IFLA学校図書館ガイドラインとグローバル化する学校図書館』（学文社），『学校図書館メディアの構成』（全国学校図書館協議会・編著）『図書館が大好きになる　めざせキッズ・ライブラリアン（全3巻）』（鈴木出版・監修）

［ベーシック司書講座・図書館の基礎と展望1］
図書館の基礎と展望　第2版

2011年8月10日　　第1版第1刷発行
2014年3月25日　　第1版第4刷発行
2019年6月10日　　第2版第1刷発行
2022年1月30日　　第2版第4刷発行

　　　　　　　　　　　　　　　監　修　二村　　健
　　　　　　　　　　　　　　　著　者　二村　　健

発行者　田中　千津子　　〒153-0064　東京都目黒区下目黒3-6-1
　　　　　　　　　　　　電話　03（3715）1501㈹
発行所　株式会社 学文社　FAX　03（3715）2012
　　　　　　　　　　　　https://www.gakubunsha.com

Ⓒ Ken Nimura 2011　　　　　　　　　　　　印刷　倉敷印刷
乱丁・落丁の場合は本社でお取替えします。
定価はカバーに表示。

ISBN-978-4-7620-2888-5